编译说明

为使海上船舶油污受害人所遭受的损害得到充分赔偿，国际海事组织建立了由油轮船舶所有人强制保险为第一层保障，石油货主摊款的船舶油污损害赔偿基金为第二层保障的赔偿机制。国际油污赔偿基金作为这种双层保障机制下的产物，自 20 世纪 70 年代起，已成功运行 40 余年，并陆续吸纳了 115 个国家加入（中国为国际油污赔偿基金的缔约国，但仅适用于香港特别行政区）。迄今为止，该基金参与了“威望”、“艾瑞卡”、“河北精神”轮等 150 起全球重大海上船舶油污事故案件的赔偿处理工作，积累了丰富的实践经验。

2012 年，我国借鉴国际油污赔偿基金的基本模式，结合我国船舶油污事故损失的特点，建立了中国船舶油污损害赔偿基金，用于解决我国境内发生的船舶油污事故受害人的赔偿不足问题。

为了更好地学习国际油污赔偿基金的理论与实践经验，2017 年 11 月，中国船舶油污损害理赔事务中心获国际油污赔偿基金正式授权，将其官方发布的《索赔手册》《清污及预防措施索赔指南》《捕捞业、海水养殖业及水产加工业索赔指南》《旅游业索赔指南》《环境损害索赔指南》《索赔表格示范手册》等 6 个索赔指导文件翻译成中文，并在中国境内出版。

这 6 个索赔指导文件既相互独立又密切相关：《索赔手册》是综合性实用指南，对整个索赔过程起到提纲挈领、明确原则的作用；《清污及预防措施索赔指南》《捕捞业、海水养殖业及水产加工业索赔指南》《旅游业索赔指南》《环境损害索赔指南》则是对清污、渔业、旅游业和环境损害等具体不同领域的索赔给出了具体指导；《索赔表格示范手册》给出了大量范表，以表格的形式将索赔人需提交的信息进行了细化。

我们希望《国际油污赔偿基金索赔系列手册》中文版的问世能够帮助国内保险界、航运界、司法界进一步了解船舶油污损害赔偿方面的国际通行做法，也为我们自身学习和思考今后中国船舶油污损害赔偿基金在具体赔偿要求等方面与国际接轨奠定良好的基础。

本书由许如清、杨新宅、董乐义、张春昌、周舫震组织编译。各册的文字翻译工作由杨智慧、林琳、朱羿峄、帅月新、廖兵兵、冀文颖具体负责，译文审校工作主要由国际油污赔偿基金秘书处指定的大连海事大学费姗姗老师完成，沈琼、顾洁芬、施依柠参与审校。各册的版式完全参照英文版。

此外，国际油轮船东防污染联合会（ITOPF）张晟文博士，中国船舶油污损害赔偿基金专家李应仁、黄洪辉、王云龙、曲克明、龙江智对译稿的修改校对提供了无私帮助，中国船东互保协会、北京海通律师事务所、北京中英衡达海事顾问有限公司、交通运输部海事局退休调研员徐翠明等对译稿的修改润色亦有贡献，在此一并表示感谢。

由于编译者水平有限，疏漏之处敬请读者指正。

编译者

2018 年 5 月

1992 基金《索赔手册》经 1992 基金大会于 1998 年通过，之后又进行数次修订，全文术语出现部分轻微不一致情况。秘书处对 2013 年版《索赔手册》的文字进行了审校，以确保其前后一致、使用常用术语。英语、法语和西班牙语各版本均作了少量修改，所作改动不影响文本含义和实质内容。

国际油污赔偿基金出版。

鸣谢

图片

第 7、18、26 和 35 页：国际油污赔偿基金

第 10 页：国际海事组织

第 23 页：You Inspire Photography

第 41 页：Shutterstock

设计

thecircus.uk.com

索赔手册

2016年10月版

1998年4月经1992基金大会通过，2016年4月经1992基金管理委员会最新修正。

目 录

前 言

国际油污赔偿基金包括两个政府间组织（1992 基金和补充基金），为油轮泄漏持久性油类造成的油污损害提供赔偿。

前 言

《索赔手册》是关于如何向 1992 基金提出污染损害索赔的实用指南，于 1998 年经 1992 基金大会第一次通过。本版为第六版，其中汇编了 2016 年 4 月会议通过的最新修正内容。本手册根据《1992 年国际油污损害民事责任公约》和《1992 年设立国际油污损害赔偿基金国际公约》的规定编制而成，同时也适用于补充基金涉及的油污事故。

只有符合特定标准的索赔才能获得赔偿。本手册经 1992 基金大会通过，对基金认可的标准做了总体的概述，旨在为索赔人提供帮助。本手册不涉及法律细节问题，也不应被视作对相关国际公约的权威性解释。

本手册分为三节。

- 第一节简要阐述了赔偿体系以及 1992 基金的运作机制。
- 第二节包含了如何提交索赔的一般信息，并列明了 1992 基金理赔和赔付的原则。
- 第三节提供了一些更具体的信息，以帮助索赔人提出索赔。这一节分为六个部分，分别就赔偿体系包括的主要索赔类型进行介绍：
    - 清污和预防措施费用
    - 财产损坏
    - 捕捞业、海水养殖业和水产加工业经济损失
    - 旅游业经济损失
    - 纯经济损失预防措施费用
    - 环境损害和溢油后研究费用

赔偿机制如何运作

第一节

1.1 赔偿机制

1.1.1 本赔偿机制最早建立于 1978 年，现今它的依据是两个公约：《1992 年国际油污损害民事责任公约》（《1992 年民事责任公约》）和《1992 年设立国际油污损害赔偿基金国际公约》（《1992 年基金公约》）。《1992 年基金公约》的一份议定书于 2003 年获得通过，它设立了一个补充基金（《补充基金议定书》）。

国际海事组织总部，也是国际油污赔偿基金秘书处所在地。

《1992 年民事责任公约》

1.1.2 根据《1992 年民事责任公约》，持久性油类所造成的油污损害的索赔可向造成油类污染损害的船舶的登记所有人（或其保险人）提出。但在通常情况下，船舶所有人有权根据所涉船舶大小（吨位）将其责任限定在一定的数额内。船舶所有人有义务为其在公约项下的责任进行保险，但该义务不适用于载运货油少于 2 000 t 的船舶。

1.1.3 船舶所有人对其船舶泄漏或排放持久性油类而造成的污染损害负有赔偿责任，即使污染不是由其过错造成的。只有在某些极特殊的情况下船舶所有人才可以免责。

《1992 年基金公约》

1.1.4 1992 基金于 1996 年根据《1992 年基金公约》建立，其资金来源于缔约国内接收通过海上运输的特定油类的公司和实体。该基金是由各国政府设立和管理的一个政府间组织。

1.1.5 1992 基金设有两个管理机构：大会和执行委员会。大会由所有缔约国政府的代表组成。执行委员会是由大会选出的一个下属机构，由 15 个缔约国组成，其主要职能是批准索赔申请。但是，执行委员会通常赋予基金干事长较大权限去批准和支付赔偿。

1.1.6 根据《1992 年基金公约》，当索赔人不能根据《1992 年民事责任公约》获得全额赔偿时，由 1992 基金提供补充赔偿。具体情况如下：

- 损害超过了《1992 年民事责任公约》规定的船舶所有人的责任限额。
- 依据《1992 年民事责任公约》，以下原因船舶所有人可以免责：损害是由严重的自然灾害或完全由第三方故意造成的，或完全由于主管机关在维护灯标或其他助航设施方面的疏忽所致。
- 船舶所有人在财力上不能完全承担《1992 年民事责任公约》规定的赔偿责任，且其保险金额不足以支付有效的赔偿。

1.1.7 在下列情况下，1992 基金将不予赔偿：

- 污染损害是由于战争行为、敌对行为、内战或暴乱所造成的或由于军舰溢油引发的（在此种情况下，船舶所有人根据《1992 年民事责任公约》也不承担责任），或
- 索赔人不能证明损害是由于公约中定义的一艘或多艘船舶（船舶指为运输散装油类货物而建造或改建的任何类型的海船或海上航行器，在特定情况下，还包括未装运此类货物的海船或海上航行器）的事故所造成的。

《补充基金议定书》

1.1.8　《1992 年基金公约》的 2003 年议定书建立了一个补充基金，为补充基金缔约国的污染损害提供补充赔偿。补充基金的赔偿标准与 1992 基金的相同。因此，在本手册中 1992 基金的理赔政策同样适用于对补充基金提出的索赔。

1.2　可用于赔偿的限额

根据《1992 年民事责任公约》——船舶所有人的限额

1.2.1　通常，船舶所有人有权将他的责任限制在按照船舶吨位计算的一定数额内。对于吨位不超过 5 000 总吨的船舶，限额为 451 万特别提款权[1]（630 万美元）；对于吨位在 5 000 至 140 000 总吨之间的船舶，限额为在 451 万特别提款权（630 万美元）的基础上，每增加 1 总吨外加 631 特别提款权（882 美元）；对于吨位在 140 000 总吨或以上的船舶，限额为 8 977 万特别提款权（1.254 亿美元）[2]。但是，如果证明污染损害是由于船舶所有人的个人行为或疏忽故意造成的，或其明知可能造成损害而轻率地作为或不作为，则船舶所有人将丧失享受责任限制的权利。

根据《1992 年基金公约》——1992 基金的限额

1.2.2　对于任何一起事故，无论船舶大小，1992 基金的最高赔偿额为 2.03 亿特别提款权（2.836 亿美元）[3]。该最高赔偿额包括由船舶所有人或其保险人按照《1992 年民事责任公约》作出的赔偿。

1.2.3　如已确定索赔的总额超出了《1992 年民事责任公约》和《1992 年基金公约》

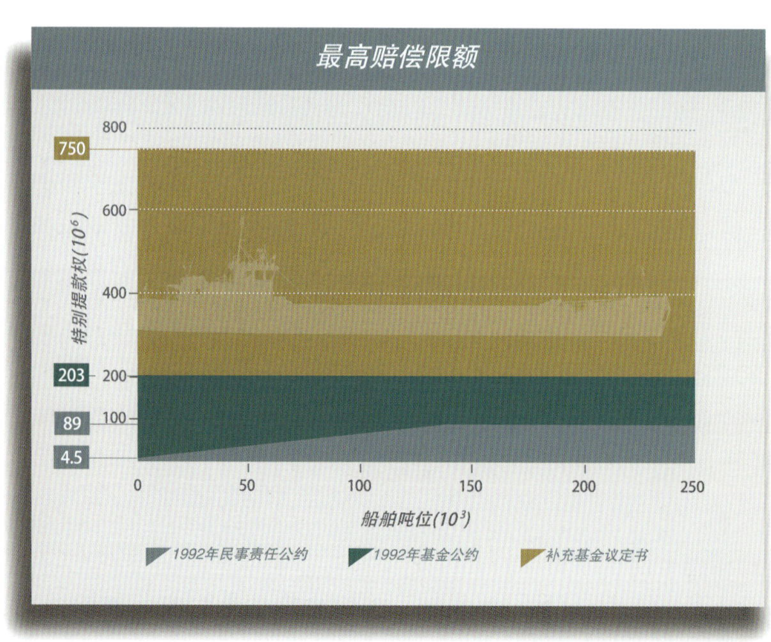

[1] 两部 1992 年公约的数额以国际货币基金组织的特别提款权（SDR）表示。该特别提款权在适当兑换率的基础上换算成发生污染损害的国家的货币。在本手册中，使用 2016 年 9 月 2 日的兑换率，即 1 SDR = 1.397 085 美元，将特别提款权换算成美元。最新的换算见该组织网站。

[2] 该数额适用于 2003 年 11 月 1 日后发生的事故。

[3] 该数额适用于 2003 年 11 月 1 日后发生的事故。

规定可获得的赔偿限额，则支付给每一索赔人的赔偿额将按比例减少。当存在出现该情况的风险时，1992 基金将不得不限制赔付，以确保所有索赔人得到平等的待遇。如果已确定索赔总额的不确定性已经减小，赔付的比例可在后期有所提高。

根据《补充基金议定书》——补充基金的限额

1.2.4　补充基金提供附加的赔偿，使可用于基金缔约国内的任何一起损害事故的赔偿总额达到 7.50 亿特别提款权（10.47 亿美元），这其中包括《1992 年民事责任公约》和《1992 年基金公约》的赔偿额。补充基金的一个重要优势是，即使在最为严重的污染事故中，也极少需要按比例减少对该基金缔约国内的污染损害的赔付。对于经证明的可以支付的索赔请求，索赔人一开始就有可能获得 100% 的赔偿。

1.3　适用的事故种类

1.3.1　《1992 年民事责任公约》和《1992 年基金公约》适用于为载运散装货油而建造或改造的海船（通常为油轮）溢出持久性矿物油事故。1992 年公约不仅适用于负载油轮的货油或燃油（船舶自身的燃油）泄漏，在某些情况下还适用于空载油轮的燃油泄漏。

1.3.2　持久性矿物油包括原油、燃油、重柴油和润滑油。这类油品泄漏到海上后通常自然消散较慢，因此可能会扩散并需要清污。对于汽油、轻柴油和煤油等非持久性矿物油的泄漏造成的损害，本公约不予赔偿。这些油品在海上泄漏后通常快速蒸发而一般不需要清污。

1.4　适用的损害种类

1.4.1　《1992 年民事责任公约》和《1992 年基金公约》对污染损害的定义为：

“因船舶泄漏或排放油类造成的在该船之外的污染损失或损害，不论此种泄漏或排放发生在何处；但是，对环境损害（不包括此种损害的利润损失）的赔偿，仅限于实际采取或将要采取的合理的修复措施的费用。”

1.4.2　污染损害包括预防措施，两部 1992 年公约对预防措施的定义为：

“在事故发生后，任何人采取的旨在防止或减轻污染损害的任何合理措施。”

1.4.3　《1992 年民事责任公约》和《1992 年基金公约》以及《补充基金议定书》适用于在缔约国的领土、领海和专属经济区或类似区域内造成的污染损害。缔约国名单可以直接通过 1992 基金或其网站（www.iopcfunds.org）获取。

1.4.4　污染损害主要的类型简述如下。

清污和预防措施

1.4.5　对合理的清污措施和为防止或减轻缔约国内的污染损害而采取的其他措施，不论采取措施的地点在何处，其费用都可以获得赔偿。例如，为了避免或减轻缔约国领海或专属经济区内的污染损害，在公海上或在非缔约国的领海内作出溢油应急反应，这种应急反应的费用原则上可获得赔偿。在有严重污染损害威胁的情况下，即使未发生溢油，预防措施的费用也可得到赔偿。

1.4.6　在捕获、清洗和放归野生动物，尤其是鸟类、哺乳类和爬行类动物上花费的合理费用，也可以得到赔偿。

财产损坏

1.4.7　对于清洗、修理或更换被油类污染的财产而花费的合理费用也可获得赔偿。

间接损失

1.4.8　对于被油类污染的财产，其所有人遭受的收入损失（间接损失）可以获得赔偿。例如渔民因网具遭受污染，在清洗或更换网具之前无法捕鱼而导致的收入损失。

纯经济损失

1.4.9　在特定情况下，对于财产没有受污染的所有人，由于污染事故而造成的收入损失（纯经济损失），基金也可以赔偿。例如，一位渔民的网具免遭污染，但可能因为其通常捕捞的海域已被污染而不能捕鱼，也不能到其他地点捕鱼而造成的损失。同理，一位旅馆或餐馆所有人因其经营处所离受污染的海滩很近，由于污染期间顾客人数下降而遭受的损失。

1.4.10　基金还赔付合理的措施产生的费用，例如，为预防或减少由于污染事故的负面作用带来的经济损失而开展的市场营销活动，其费用是可以获得赔偿的。

运用经济模型

1.4.11　如果不能提供足够的资料证据来支持索赔申请，且没有正当理由要求或期望获取更多信息，则可通过一个公认的、可靠的经济模型来估算损失，并据此进行赔偿。任何此种经济模型必须源自于实际数据，该数据与申请索赔的损失紧密相关并获取自相关部门或业界。此种经济模型应经本基金及其聘请的专家仔细审核，以保证所使用的数据、所作的推定和计算方法是有效的。

环境损害

1.4.12　对于旨在加快环境损害自然恢复的合理修复措施，基金可以赔偿其费用。对于污染事故发生后的研究费用，包括确定溢油造成的环境损害的性质和程度以及决定修复措施是否必要和可行的研究费用，如果其与公约定义的污染损害有关，可以获得赔偿。

1.4.13　对于按照理论模型抽象量化计算得出的环境损害索赔，基金不予赔付。对于与过失人的过错程度相关的、带有惩罚性质的损害的赔偿请求，基金也不予赔付。

聘请顾问

1.4.14　索赔人可能希望聘请顾问来帮助提出索赔申请。对于顾问为提出公约范围内的索赔申请而开展的工作，其合理费用可以获得赔偿，并会结合具体索赔申请进行评估。索赔人聘请顾问的必要性、顾问工作的效益和质量、顾问工作所需的合理时间以及该国类似工作的一般费率等因素都会被考虑在内。

1.5 索赔受理条件

1.5.1 1992 基金的管理机构即大会和执行委员会强调，所有缔约国对公约作出统一的解释对赔偿机制的运作至关重要。它们制定了基金的索赔政策并通过了认可索赔的标准，亦即在何种情况下索赔可得到赔偿。以下通用标准适用于所有索赔：

- 任何费用、损失或损害必须是实际上已经发生的；
- 任何费用必须与视为合理和正当的措施有关；
- 任何费用、损失或损害，只有被视为由溢油所造成的污染所致才予以赔偿；
- 索赔的费用、损失或损害与溢油造成的污染之间必须存在合理的紧密因果关系；
- 索赔人只有在其遭受的经济损失可以量化时，才有权获得赔偿；
- 索赔人须提供适当的书面证据或其他证据以证明其费用、损失或损害的数额。

索赔人需要声明其提交的索赔申请真实地反映了其损失，声明内容如下：

> **“尽我所知及所信，我的索赔申请真实、准确地反映了我的实际损失。其中包含了申请赔偿期间，我从清污活动、援助组织或政府基金所获全部财、物赔偿的相关信息。我深知，国际油污赔偿基金严肃对待提交欺诈证明文件的行为，如其获悉此类文件被提交并用于支持我的索赔申请，而且情况属实，国际油污赔偿基金将保留其通知相关国家主管机关的权利。”**

1.5.2 只有能够实际证明损失或损害的索赔请求才能获得赔偿。证据的所有因素都要考虑在内，但必须提供充分的证据，以使船舶所有人及其保险人和 1992 基金有可能对实际发生的费用、损失或损害的金额作出自己的判断。索赔人能够减轻其损失的程度会被考虑在内。

1.5.3 鉴于每项索赔都有其自身特点，因此有必要基于各项索赔的自身特点来具体考虑。根据有关索赔人、行业或国家的特殊情况，该标准允许有一定的弹性，例如，在提交有关索赔材料方面即可灵活处理。

1.5.4 不同索赔种类的具体标准列于第三节。

索赔的提出和评估

第二节

2.1　谁可以提出索赔

2.1.1　如在《1992 年民事责任公约》和《1992 年基金公约》缔约国发生污染事故，任何受害方都可提出索赔请求。如果污染损害仅发生在《1992 年民事责任公约》缔约国，索赔申请只能向船舶所有人及其保险人提出。如果污染损害在《1992 年民事责任公约》和《1992 年基金公约》两部公约的缔约国同时发生，索赔申请可向船舶所有人及其保险人以及 1992 基金提出。如前文所述，公约和《补充基金议定书》缔约国的名单可以从基金秘书处或基金网站上获得。

2.1.2 索赔人可以是个人、合伙企业、公司、私营组织或公共团体，包括国家或地方政府。如果多位索赔人遭受同样的损害，则提起集体索赔将会更为方便，这样也便于索赔的受理和评估。

2.2 向谁提出索赔

2.2.1 当发生事故时，1992 基金会与船舶所有人的保险人（为简明起见，本系列手册中船舶所有人的保险人简称为船舶保险人）密切合作。通常船舶保险人是某保赔协会，为船舶所有人提供包括油污损害责任在内的第三方责任保险。有关保赔协会和 1992 基金通常会合作处理索赔，如果一开始就明确将依据两部公约进行赔偿，那么双方就更会加强合作。在多数情况下，1992 基金仅在船舶所有人或其保险人已赔付了船舶责任限额之后再进行赔偿，因此索赔申请首先是提交给船舶所有人或其保赔协会。在实践中，索赔申请通常由距事故地点最近的保赔协会的通信代理办事处转交。由于基金和保险人的密切合作，索赔申请材料（包括证明文件）只需要提交给保赔协会 / 通信代理或基金。

2.2.2 当某一事故引起大量索赔申请时，1992 基金和保赔协会将联合设立当地索赔办事处以更方便处理索赔。索赔人只需将其索赔申请提交给当地索赔办事处。有关此机构的详细情况将在当地媒体上和基金网站上公布。

2.2.3 如果索赔人在《补充基金议定书》的缔约国遭受损害，如船舶所有人或其保险人以及 1992 基金不能对已证明的损失进行全额赔偿，那么他们的索赔申请将自动由补充基金考虑赔偿。

2.2.4 若索赔申请人希望直接向 1992 基金递交索赔申请，应按照以下的地址提交：

国际油污赔偿基金

英国

伦敦 SE1 7SR

艾伯特路堤 4 号

电话：+44(0)20 7592 7100

传真：+44(0)20 7592 7111

电子邮箱：info@iopcfunds.org

2.2.5 索赔申请是否符合赔偿条件及赔偿的数额，均由 1992 基金和船舶所有人的保赔协会决定。指定的当地通信代理或当地索赔办事处都无权作出此类决定。

2.3 如何提出索赔

2.3.1 索赔应以书面形式（包括传真、电传或电子邮件）提出。在适当情况下，保赔协会和/或基金会发布索赔表格，帮助索赔人提交申请。

2.3.2　索赔申请应清晰明了、信息充分并附带证明材料，以评定受损额。索赔中的每一项内容必须附具发票或其他相关证明材料，如工作记录单、情况说明、账单和照片。索赔人有责任提供能证实其索赔内容的充分证据，证明材料应当完整和准确。若索赔的证明材料很多，索赔人应在事故发生之后尽快与 1992 基金（或酌情与指定的调查人员或当地索赔办事处）取得联系，以便就索赔请求进行讨论。

2.4 索赔申请应包含的内容

2.4.1　每一索赔申请应包括以下基本信息：

- 索赔人的姓名和地址，以及代理人的姓名和地址；
- 事故所涉及的船舶的识别信息；
- 索赔人了解的事故发生日期、地点和具体细节，除非 1992 基金已掌握这些信息；
- 污染损害的类别；
- 索赔金额。

2.4.2　具体种类的索赔可能需要附加材料（见第三节）。

2.5 索赔时效

2.5.1　索赔人应在损害发生后尽快提出索赔。如索赔人不能在事故发生后很快提出正式索赔，1992 基金建议索赔人将其提出索赔的意向在其后的时间尽快告知 1992 基金。索赔人应尽可能提供上述信息的详尽材料。

2.5.2　索赔人应在损害发生之日起 3 年内向 1992 基金提起诉讼，或在此 3 年之内就将向船舶所有人或其保险人提起诉讼一事正式通知 1992 基金，否则索赔人将最终失去依据《1992 年基金公约》获得赔偿的权利。同理，索赔人应在损害发生之日起 3 年内向船舶所有人及其保险人提起诉讼，否则他们将失去依据《1992 年民事责任公约》获得赔偿的权利。虽然损失可能在事故发生后某个时刻出现，但在这两种情形中，索赔人无论如何都必须在事故发生之日起 6 年内提出诉讼。为避免索赔超出时效，如果索赔人不能解决其索赔，建议寻求法律咨询。如果已采取措施以保护向 1992 基金提出索赔的权利，则从补充基金得到额外赔偿的权利将自动获得保护。

2.6 索赔的评估和赔付

2.6.1 1992基金通常与船舶保险人合作委派专家以监控清污行动、调查索赔的技术合理性，并提出独立的损失评估意见。

2.6.2 1992基金和保赔协会已经在全球范围内建立了一个专家网络，这些专家在可能受油污影响的各个领域具备专业知识。这个网络同时也利用主要由船舶所有人通过其保险人组成的非营利组织国际油轮船东防污染联合会（ITOPF）的顾问资源。ITOPF的技术人员在溢油应急响应方面拥有丰富经验，而且非常熟悉基金的赔偿标准。在事故的清污过程中，ITOPF的技术人员会在清污现场，提供符合基金赔偿标准的最适合的应对措施建议。

2.6.3 尽管1992基金和保赔协会依靠专家协助对索赔申请进行评估，但索赔申请是否予以批准，完全取决于有关保赔协会和基金。

2.6.4 一旦基金和保赔协会对某起索赔申请作出决定，通常以书面的形式向申请人说明评估的主要依据。如果申请人接受赔偿决定，其在收到赔偿款项后要签署一份收据。如果申请人不同意该索赔申请的评估，其可以提供补充信息并要求进一步评估。

2.6.5 关于索赔申请的批准或否决，1992基金的干事长通常被赋予很大的决定权。但在某些情况下，例如某起索赔申请涉及原则问题，干事长必须将索赔交由执行委员会决定（见1.5.1）。执行委员会通常每年举行两至三次会议。

2.7 评估和赔付所需时间

2.7.1 1992基金和保赔协会尽快与索赔人达成一致并支付赔偿。如果索赔人因事故而导致经济过于困难，基金和保赔协会可以在作出索赔的最终决定前进行临时赔付。但临时赔付将受特殊条件和限制的约束，特别是当索赔总额超过两部1992年公约可提供的赔偿限额时。

2.7.2 索赔被批准以及赔付的速度主要取决于索赔人向1992基金提供必要证明材料所耗费的时间。因此，建议索赔人应尽可能遵循本手册，与基金的专家充分合作，并提供所有与索赔评估有关的信息。

2.7.3 1992基金的工作语言为英语、法语和西班牙语。如果索赔请求或索赔的摘要信息能以上述任何一种文字提交，则索赔申请的处理速度会更快。

一般索赔评估所需时间

2.7.4 秘书处在收到一份完整的索赔申请表和登记表的1个月内，将会向索赔人反馈一份回执，并附上后续需要遵循的评估程序说明。此外，在索赔登记的 6 个月内，秘书处会以书面形式通知索赔人初步评估意见，其中包含下列意见之一：

(a) 索赔申请可以受理，并正在评估；

(b) 索赔申请原则上可以受理，但需要提供进一步证明文件进行评估；

(c) 索赔申请可以受理，但需要更多时间进行评估；

(d) 索赔申请不被受理，予以拒绝。

根据事故规模的大小和复杂性，秘书处可能会不得不延长告知索赔人相关信息的时间。

快速索赔评估所需时间

2.7.5 为了避免小额索赔申请处理过程中出现不当延误，1992 基金执行委员会在综合考虑对大量小额索赔申请评估的成本效益及其自身特点之后，决定批准对该类事故使用快速评估法，并设定该类事故所谓“小额索赔[1]”的数额，快速评估法适用与否由执行委员会基于个案确定。基金和其聘用的专家依据损失调查简况进行快速评估，但必须确认该损失已实际发生，并与该事故有明确的因果关系。索赔人也可等待在深入、综合性评估基础上得出的处理结果，但后者难免需要较长时间。如果索赔人不同意根据快速评估法所作出的理赔方案，只有在其能提供新信息来证明损失的情况下，才能重新进行评估。重新评估的金额可能会高于或低于首次使用快速评估流程得出的索赔金额。

2.8 索赔人不同意基金决定的处理方式

2.8.1 如果在评估完成后不能达成一致意见，索赔人有权将其索赔申请提交至损害发生国的相关法院。但自国际赔偿机制于 1978 年建立以来，事实证明多数涉及 1992 基金及其前身基金的事故没有必要诉诸法院。

[1] 小额索赔的数额由基金执行委员会根据个案情况确定。

提交各类索赔的指南

第三节

3.1 清污和预防措施费用的索赔

赔偿范围

3.1.1 在多数情况下，岸线和海上清污作业被视为预防性措施，因为这些措施通常为了防止或减轻污染损害。

3.1.2 对于应对海上溢油、保护易受油类影响的资源（如敏感的沿海动植物栖息地、工厂的海水取水口、海产养殖场和游艇码头）、清理海岸线和沿岸设施以及处理回收的油及油污废物等合理措施所产生的费用，基金予以赔偿。即使在没有发生污染的情况下，只要事故形成了会导致污染损害的严重紧迫威胁，且所采取的措施与威胁严重程度相称，则为预防而使用清污设备和救助设备所产生的合理费用也可以得到赔偿。

3.1.3 因防止或减少污染的合理措施造成的损失或损害也可以得到赔偿。例如，采取清污措施导致公路、码头和堤岸损坏，由此产生的修复费用可以获得赔偿。但是，对因改善环境而非因修复溢油造成的损害而产生费用的索赔则不予赔偿。

3.1.4 考虑到动物的福祉，通常会针对受污染动物，特别是被溢油沾染的鸟类、哺乳类和爬行类动物采取清洁措施。被溢油污染的野生动物的捕捉、清洁和康复需要由经过专业训练的人员进行，一般情况下这些工作由专业团体开展，并经常有志愿者在溢油地点附近建立清洗站来提供帮助。清洁工作通常是困难而缓慢的，而且会给动物造成更多痛苦，所以只有在确定动物存活可能性较大的情况下才进行清洁。为提供与事故规模相称的当地接收设施而产生的合理费用通常可以获得赔偿，物资、医药及食物费用可获得赔偿，志愿人员合理的食宿费用也可以获得赔偿。为避免重复工作，当有数个专业团体同时进行清理与恢复作业时，应对这些作业进行合理协调。在特定事故中，为维持现场作业活动而从公众中募集的款项，应在计算赔偿金额时予以扣除。

3.1.5 对于为预防或减少污染损害而采取措施所产生费用的索赔，将依据客观标准予以评估。政府或其他公共机构决定采取某种措施的事实，就其本身而言，并不意味着依据公约该措施也是合理的。应当依据决定采取措施时所掌握的事实来判断技术的合理性。不过，现场作业的管理人员应根据作业进展情况和技术建议，不断地对其所作出的决定进行重新审视。

3.1.6 对于那些可以预见无效的措施所产生费用的索赔则不予受理。例如，对固体油或半固体油类使用消油剂，以及不顾在快速水流中使用围油栏无效而加以布放。从另一方面看，措施事后被证明无效这一事实本身，不应作为拒绝索赔的理由。

3.1.7 所发生的费用，以及这些费用与得到的或期望得到的效果之间的关系应该是合理的。例如，在清除大量油污后，对一段人迹罕至的岩石海岸采取深度的清洁措施是很难被认可的，因为海浪的自然清洁作用可能更为有效。从另一方面看，在公众度假海滩，尤其是在假期将临和假期期间，彻底清洁往往是必要的。每一起事故的特殊情况都会得到考虑。

3.1.8 对为从沉船中清除残存持久性油类所采取措施产生的费用进行索赔时，也应当满足合理性的整体标准，该标准同样适用于预防措施。为使上述措施的费用能够被接受，采取这些措施时，应如上文所述在客观上合理，且其费用与所产生的或者可合理预期的效果之间具有合理的联系。如果在进一步污染风险很小的情况下，能以合理的费用比较精确地测量出沉船中的残存油量，则通常应先进行测量，然后再决定是否清除沉船存油。

3.1.9 从沉船残骸中抽油的措施是否合理将视个案具体情况确定，并酌情考虑下列因素：

A. 与沉船状况和环境条件有关的因素，例如：

- 存油泄漏的可能性，例如由于船体结构损坏或腐蚀而漏油的可能性等；
- 沉船存油数量、种类和特性；
- 沉船所在位置海床的稳定性。

B. 与潜在损害的可能性、性质和程度有关的因素，例如：

- 沉船存油泄漏可能造成的污染损害，特别是与抽油的费用相关的污染损害；
- 从经济或环境角度考虑，最有可能被沉船存油泄漏所影响的区域，其易受油污损害的程度；
- 沉船存油泄漏可能造成的环境损害。

C. 与作业可行性相关的因素，例如：

- 作业的技术可行性和成功的可能性，例如应考虑到能见度、海流、附近的其他沉船，以及沉船是否处于合适的水深，在此水深下所设想的作业成功实施的可能性。
- 在抽油的过程中，沉船发生大量漏油的可能性。

D. 作业费用，特别是与沉船存油泄漏可能造成的污染损害相关的费用。

3.1.10 为确定海洋及海岸线受污染的范围和认定易受污染的资源而进行空中监视所产生的合理费用可以赔偿。为避免重复工作，当多个组织共同参与事故的应急响应时，应当合理协调空中监视工作。

3.1.11 对于清污作业的索赔可以包括人员费、设备和材料的租赁或购置费。对于没有投入使用的备用设备，在索赔评估时要以较低的折旧率来计算，以反映出设备的低磨损。在清污作业期间，清污设备的清洗、维修以及易耗品的更换所产生的合理费用均可获得赔偿。在评估为某起特定泄漏事故购置设备的费用索赔时，如果该设备仍适合用于以后的事故或其他用途，则该设备的残值将被扣减。如果政府主管机关根据其应急计划，购买物资或设备并对其进行维护，以便当溢油发生后能立即利用它们进行应对，则会对实际投入使用的物品的购置价格的合理部分予以赔偿。通常将物品的资金成本按照其预期使用寿命进行折算，加上相应的保养储存费用，再按日费率算出赔偿额。如果设备属于私营清污公司，则赔偿也应包含合理的盈利。

3.1.12 清污作业经常产生大量的回收油和油污垃圾。储存和处理回收物质的合理费用可以获得赔偿。如索赔人因出售回收油而获得额外收入，此收入将从赔付款项中扣除。

3.1.13 政府主管机关或准公共机构通常动用长期雇员或船舶以及自身拥有的车辆和设备，进行清污作业。由此可能产生的合理额外费用也可以得到赔偿，但前提是这些费用纯粹是由于事故的发生而引起的，而且如果没有发生事故、未进行相关作业就不会产生。

3.1.14 政府主管机关和准公共机构产生的一定比例的所谓“固定费用”可以赔偿。固定费用是指对于有关主管机关或机构来说，即使事故未发生也会产生的费用，诸如发给固定员工的正常工资。但这些费用的产生时间须与清污作业时间段一致方可获得赔偿，且预期管理费用不包括在内。

3.1.15 在某些情况下，救助作业可能含有预防措施的成分。如果这些作业的初衷是防止污染损害，产生的费用原则上可根据 1992 年公约获得赔偿。但如果救助作业另有目的，比如救助船舶和（或）货物，公约对此产生的费用不予赔偿。如从事的活动具有防止污染、救助船舶和（或）货物双重目的，而作业的最初目的又不能确定，由此产生的费用将在防止污染与救助作业之间按比例划定。评估与救助有关的预防措施费用的索赔请求时，不以确定救助报酬所适用的标准为依据；但是，这种赔偿仅限于产生的费用，并包括合理的盈利部分。

提出索赔

3.1.16 提交清污费用的索赔请求应附具证明材料，表明清污作业的费用与所采取的行动相关，这一点至关重要。成功索赔的关键在于保持良好的过程记录。索赔申请应清楚写明完成了哪些作业，采取此种作业的原因、地点和时间、作业人员，以及使用了何种资源和使用数量。虽然发票、收据、工作表和工资单能够提供有效的费用证明，但仅有这些还是不够的，一份描述应急行动以及相关费用的简短报告将非常有助于对索赔申请的评估。

3.1.17 报表是对索赔申请所需的关键信息进行总结的有效途径。每个参与应急行动的组织或清污公司都应将每天的活动记录在日志中，其中包括参与人员的具体人数，使用设备和材料的种类和数量，以及清理的海岸线种类和长度。如果使用应急船舶应对海上油污，对其作业期间的航海日志进行摘录将是一个有用的信息来源。

3.1.18 具体信息应详细列明如下：

- 划定遭受污染区域，描述污染程度并标明受污染最严重的那些区域（例如使用地图或海图，并辅以照片、录像带或其他记录媒介）。
- 将油污与事故船舶相联系的分析证据和（或）其他证据（如油样的化学分析结果，相关的风、潮汐及水流数据，以及浮油漂移观测结果及标绘图）。
- 事故的概要，包括海上、沿岸水域和岸上作业情况的描述和理由论述，并解释选用不同作业方法的理由。
- 每个地点的作业日期。
- 每个地点的人员费用（应急人员的数目和类别、雇主的名字 / 名称、工作的小时数或天数、固定薪水或加班费标准、薪水或其他费用的计算方法或费率依据）。
- 应急人员的交通费、住宿费和生活费。
- 每个作业地点的设备费用（使用的设备型号、提供者、租赁费用或购置费，租赁费用的计算方法，使用的设备数量、使用的时间）。
- 替换无法予以合理维修的受损设备的费用（设备种类和老旧程度、设备提供者、原始购买价格和损坏情况，并附有照片、录像带或其他记录材料加以证实）。
- 易耗品（品名、提供者、数量、单价和使用地点）。
- 专门为事故购买的设备和相关材料在作业结束后的残值。
- 并非专门购置但在事故中投入使用的设备的折旧年限。
- 运输费用（动用的车辆、船舶和飞机的数量和类型，作业的小时或天数，租赁费率或作业费用，计算费用的方法）。
- 临时存储费（如适用）以及最后处置回收油和被油污染的材料的费用，包括处置的数量、单价和计算费用的方法。

3.1.19 对于救助被油污污染的野生生物而产生的费用的索赔请求，应基本上遵循以上为相关清污费用所列的相似方式。应提供被救助动物的具体数目和成功放归自然的动物的具体数目。如果承担这项工作的专家团队为进行某一起特定事故的现场作业而举办活动以募集公众基金，那么需要提供这些活动的详细情况，其中包括举办活动的费用、募集的款项和这些募集款的使用情况。

中央政府增值税的索赔

3.1.20 发生溢油事故后，受事故影响的国家的中央政府，可能会遭受巨大损失。例如，政府会使用自有资源开展清污行动，或雇用私营清污公司收集、运输和处理污染物。

3.1.21 如果某缔约国因清污行动遭受增值税损失，只要其国内法允许索赔增值税，那么该国中央政府便可以获得增值税的赔偿。

3.1.22 在国内法不明确是否允许索赔增值税的情况下，应采用损害赔偿法的原则评估索赔，即

（1）没有遭受损失的当事方不能索赔。

（2）当事方不可以获得双重赔偿。

3.2 财产损坏的索赔

赔偿范围

3.2.1 受污染财产，例如包括游艇在内的船舶的外壳、渔具、海水养殖设备的清洗、修理或更换的合理费用可以获得赔偿。赔偿也适用于电站和海水淡化设备等提取海水的工业设施的取水口、机器设备的清理费用。如受污染的财产无法清洗或维修，则可赔偿其更换费用。但赔偿并不包括更换旧设备的全部费用，应考虑财产的折旧和预期使用年限。例如，一张已使用 2 年的渔网因油污严重而需要更换，但它本来就该在使用 3 年后更换，所以只有 1/3 的更换费用能够得到赔偿。

3.2.2 在一些情况下，由于财产损坏导致财产所有人不能开展正常的业务，在受污染财产被清洁、修理或更换前，可能会造成经济损失。例如，养殖设备被油污污染，海水养殖就会中断。此类似损失是可以赔偿的（详见 3.3~3.5，纯经济损失的索赔）。

3.2.3 在清污工作中由重型车辆，如卡车和挖掘机等，对道路、码头、堤坝等财产造成损坏的维修费用是可以赔偿的。在评估赔偿数额时，首先要考虑这些财产在事故前的状况和正常的维修计划。

提出索赔

3.2.4 索赔人应提供财产损坏的证据，确认已发生的维修、清洗或更换的发票或者预备开展的工作的报价单。受损财产的留存或者拍照记录是很重要的。建议索赔申请人尽快联系 1992 基金或保赔协会（或酌情联系指定的调查人员或当地索赔办事处），以便在合适的时候对受损的财产进行联合检验。

3.2.5　以下信息应详细列明：

- 财产的污染损坏程度以及损坏经过的说明。
- 毁坏、受损，或者需要清洗、修理或更换的财产（例如船舶、渔具、公路、衣物）的描述和照片，包括其所在地点。
- 维修、清洗或更换的费用。
- 被更换财产的折旧年限。
- 清污作业后的恢复费用，例如对因清污作业遭受损坏的公路、码头和堤岸的修复，同时应附带正常的维修计划。

3.3　捕捞业、海水养殖业和水产加工业经济损失的索赔

赔偿范围

3.3.1　对于捕捞业、海水养殖业和水产加工业的业主因财产受污染导致的收入损失（间接损失），可给予赔偿。例如，渔民会由于其网具遭受污染，在网具清洗或更换期间因无法捕鱼而遭受收入减少的损失。

3.3.2　但是，即使其财产没有遭受污染，财产所有人也可能会遭受损失（纯经济损失）。例如，渔民的网具没有被污染，但为了防止网具和捕获物被污染，渔民可能决定不去捕鱼，从而造成的经济损失。

3.3.3　在有些情况下，政府基于人类健康的考虑，对可能遭受油类污染的野生生物或养殖的鱼类、贝类和其他海产品实施临时性的捕捞和收获禁令。海水养殖业的业主们可能会由于喂养、培育或正常放养周期的中断而遭受损失。即使污染的程度不会对人类健康造成威胁，渔民和水产养殖者也会自己实施临时禁令来保护市场。水产加工厂的业主可能因为养殖基地和设备受污染，或因捕捞业和海水养殖业活动的中断造成供应短缺而遭受损失。

3.3.4　对于并非由财产损坏引起的经济损失的索赔，例如，直接依赖于捕捞业和海水养殖业的商业单位（包括燃料和冰的供应商、水产搬运工、水产批发商和零售商）的索赔，只有由污染造成的损失才可获得赔偿。换言之，仅因为污染事故发生而提出的索赔是不予受理的。所有捕捞业、海水养殖业和水产加工业的索赔应该满足第二节所列的一般性标准。但是，污染与损失或损害之间必须具备足够密切的因果联系，才能获得纯经济损失的赔偿。在考虑是否存在密切联系时，应考虑以下因素：

- 索赔人的经营活动与受污染区域之间的地理距离（例如渔民是否主要在受污染区域捕捞，或渔场或加工厂是否在受污染海岸上或非常靠近受污染海岸）。
- 索赔人的经营活动在经济上对受影响资源如受污染渔区的依赖程度，

例如渔民是否开发了附近的未污染渔区，或渔民是否有能力开发替代的渔区且经济上不受影响。

- 索赔人可选择其他供应资源或商机的自由度（例如，一位水产加工者能否找到替代的水产供应）。
- 索赔人的经营活动在遭受溢油污染影响的区域的整体经济活动中所占比重（例如索赔人的资产或经营区域是否在受污染区域，或者是否雇用生活在污染区域的人）。

3.3.5　经验表明因溢油事故造成的野生鱼类死亡率很低。但是，如果渔民们担心鱼类已经开始死亡，则他们应尽快联系 1992 基金或保赔协会（或指定的调查人员或当地索赔办事处），以便能对受损资源进行联合调查。

3.3.6　事故后海水养殖产品的死亡率同样也很低，但如果发生死亡，索赔人应通过保留取样和拍照记录来证明损失，以表明损失的性质和程度。再次建议索赔人尽快联系 1992 基金或保赔协会（或指定的调查人员或当地索赔办事处），以便能对受损资源进行联合调查。

3.3.7　如果养殖的鱼类或贝类被销毁，重要的是提供科学的和其他证据来支持该销毁的决定。政府主管机关颁布的捕捞或收获禁令不会被视为销毁遭禁水产品的决定性理由。如果该销毁行为或禁令是合理的，那么水产品的销毁或捕捞、收获禁令造成的损失可以在一定程度上获得赔偿。当评估销毁行为或禁令是否合理时，会考虑以下因素：

- 水产品是否受到污染。
- 在正常的收获日期到来之前污染消失的可能性。
- 将水产品滞留于水中是否影响进一步生产。
- 水产品在正常收获期间出售的可能性。

3.3.8　科学方法和其他证据是评估销毁行为和禁令合理的依据，重要的是使用化学分析的手段对油味（油迹）进行取样和测试。污染区域内的样品（嫌疑样品）以及污染区域外附近存货或商业门市的对照样品应同时化验，两组样品的数量应相同。在油污样品检验的时候，检验员本人应该无法识别所检样品是嫌疑样品还是对照样品（盲检）。

提出索赔

3.3.9　如有可能，在对捕捞业、海水养殖业和水产加工业经济损失的索赔进行评估时，会对索赔期间的实际经济状况与前期同时段的实际经济状况进行对比。例如，利用个体索赔人在事故发生前 3 年内的经审计的账目或纳税申报单。所作评估不以预算数字为依据，遵循的标准是索赔人的整体经营情况是否因污染遭受了经济损失。审核历史财务数据的目的在于能够根据以前的经营情况，估算出在不发生溢油的情况下，受影响期间索赔人的预期收入。例如，索赔人的收入在近年来是增长的、减少的，还是保持稳定的，以及导致这些趋势的根本原因。在估算时，还将考虑到索赔人的具体情况和已提交的证据。此外，可以考虑捕获物记录、销售记录和捕捞费用记录，或其他可以表明正常的捕捞收入和支出的证据，以及适用于污染区域的各种渔业规定。还可根据索赔人所从事捕捞活动和渔业规定的主要发展趋势酌情考虑捕捞效果、物种构成、捕捞率、销售价格和支出的变化。若一项新的捕捞活动或经营活动没有经营记录或记录不完整，有时可假设该新企业的下降额与该受影响区域其他同类活动或业务的下降额相似，利用它们的平均下降额进行估算。

3.3.10 赔偿是基于损失的总利润来支付的，所以因事故节省的管理费用或其他未发生的正常开销应从索赔人遭受的收入损失中扣除，这些可变成本的数额随商业规模大小而不同。纳入赔偿的项目应当与业务相关，可以包括购买食物、鱼饵、冰和包装、燃料和润滑油、公用事业（如煤气和电力）的费用，以及运输费。节约的人力成本或船员费用也应从营业额的下降幅度中扣除。

3.3.11 索赔人需要提交适当的证据证实其损失，包括以下内容：

- 损失的性质，包括所称损失是由污染所引起的证据。
- 损失期间和前 3 年收入的每月明细表。
- 在可能的情况下，提供损失期间和前 3 年每种海产品的捕捞量、收获量或加工量（以千克计）的每月明细表。
- 节省的管理费或其他正常的开销。
- 计算损失的方法。

3.3.12 索赔人应表明他们是否因事故获得任何额外收入。例如，索赔人应表明是否接受过政府主管机关或其他组织针对该事故的任何付款或临时赔偿。但是，支付给那些因参加清污作业而没有保护自己财产或生意的个人的小额款项，通常情况下不会从赔偿款中扣除。

3.3.13 需要注意到一些渔业和海水养殖业的经营规模很小，其中一部分仅是维持生计或半商业化的状态。这些索赔人可能没有进行日常捕捞或收入记录的要求，所以很难提交相应的文件证据来支持他们的索赔。在这种情况下，对索赔的评估将以所掌握的相关信息，诸如政府部门的统计数据或其他公布的信息，以及受影响渔业和类似未受影响渔业的实地调查结果为依据。1992 基金出版了一系列指南，帮助索赔人在特定领域，包括捕捞业、海水养殖业和水产加工业提出索赔。指南也帮助专家们进行渔业索赔的评估。所有指南均可在国际油污赔偿基金的网站上获取。

3.4 旅游业经济损失的索赔

赔偿范围

3.4.1　旅游业或其他主要收入来源于游客，而经营处所距离受污染的公众度假海滩较近的商业单位，可能由于污染期间游客人数的下降而遭受利润上的损失。但是，对于此类经济损失（通常称纯经济损失，见 1.4.9 ~ 1.4.10）的索赔，只有当其损失或损害由污染事故所致才会予以接受。换言之，一项索赔申请能否被受理，并不仅仅取决于污染事故的发生。所有由旅游业提出的索赔要求均应满足第二节中所列的标准。但是，为使该领域的索赔能符合赔偿的要求，在污染与损失或损害之间必须具备足够密切的因果关系。在考虑此类关系存在与否时，将权衡以下因素：

- 索赔人的经营活动与受污染地区之间的地理距离（例如，旅馆、营地、餐馆或酒吧是否位于或接近受影响的海岸）。
- 索赔人的经营活动在经济上对遭受污染的海岸线的依赖程度（例如，坐落于受影响海岸的旅馆或餐馆的经营对象是否仅为或主要为游客还是其他商业团体）。
- 索赔人可选择其他供应资源或商机方面的自由度（例如，旅游业减少的收入是否会因从诸如清污工作者和媒体代表等与污染事故有关的人员处获得的收入而得到弥补）。
- 索赔人的经营活动在遭受溢油污染影响的区域的整体经济活动中所占比重（如经营处所是否处于受影响区域，或在该处是否拥有资产，或是否雇用了生活在该地区的人员）。

3.4.2　下列两种情况存在显著的差别：（a）直接向游客出售货物或提供服务的索赔人（如旅馆、营地、酒吧和餐馆的所有人），其经营活动由于溢油污染区域游客人数的下降而遭受直接影响；（b）为旅游业提供货物但不直接与游客接触的经营人（如批发商、纪念品和明信片的生产商、旅馆的洗衣店）。通常认为在（b）类情况下，污染与索赔人所遭受的损失不存在足够密切的因果关系。因此，原则上认为这类索赔不符合赔偿标准。

提出索赔

3.4.3　如有可能，在对旅游业经济损失的索赔进行评估时，会对索赔期间的实际经济状况与前期同时段的实际经济状况进行对比，例如，利用个体索赔人在事故发生前 3 年内的经审计的账目或纳税申报单。所作评估不以预算数字为依据，遵循的标准是索赔人的整体经营情况是否因污染遭受了经济损失。审核历史财务数据的目的在于能够依据以前的经营情况，估算出受影响期间索赔人的预期收入。例如，索赔人的收入在近年来是增长的、减少的，还是保持稳定的，以及导致这些趋势的根本原因。在估算时，将考虑到索赔人的具体情况和已提交的证据。若一项新的商业活动没有经营记录或记录不完整，有时可假设该新商业活动的下降额与该受影响区域其他同类活动下降额相似，利用它们的平均下降额进行估算。

3.4.4　赔偿是基于损失的总利润来支付的，所以因事故节省的管理费用或其他未发生的正常开销应从索赔人遭受的收入损失中扣除。这些可变成本的数额随商业规模大小而不同。纳入赔偿的项目应当与业务相关，可以包括购买诸如食品、酒店盥洗用品和纪念品等用于销售的货物的费用，以及公用事业费如燃料和电、清洁和维护的费用。节约的任何人力成本也应从营业额的下降幅度中扣除。

3.4.5　索赔人需要提供适当的证据证实其损失，包括以下内容：

- 损失的性质，包括所称损失是由污染所引起的证据。
- 损失期间和前 3 年相同时期的收入的每月明细表。
- 在可能的情况下，提供遭受损失期间货物月销售量的明细和之前 3 年的货物月销售量明细（如旅馆的房间出租数、营地的帐篷出租数、民宿的出租数（以周计）、餐馆的食物销售量、旅游景点的游客数或门票出售数，其他商业单位如商店和酒吧仅需要提供收入明细表）。
- 3 年内营业能力（如旅馆的房间数）变化的详细信息，以及营业时间及价格在损失发生的年内和之前 3 年内的变化情况。
- 节省的管理费用或其他正常的开销。
- 计算损失的方法。

3.4.6　索赔人应表明他们是否因事故获得任何额外收入。例如，索赔人应表明是否接受过政府主管机关或其他组织针对该事故的任何付款或临时赔偿。

3.4.7　1992 基金出版了一系列指南，帮助索赔人在具体领域提出索赔，包括旅游业索赔的评估。所有指南均可在国际油污赔偿基金的网站上获取。

3.5　纯经济损失预防措施费用的索赔

赔偿范围

3.5.1　如果采取措施的目的是预防或减少纯经济损失，且该纯经济损失在两部 1992 年公约赔偿范围内，则前述措施所产生的费用可以索赔。此类措施的目的在于抵消污染在渔业和旅游业方面的负面影响。为符合赔偿的标准，这些措施应当满足以下要求：

- 采取措施产生的费用是合理的。
- 采取措施产生的费用应当与其拟减少的损害和损失相称。
- 措施适当且有合理的成功预期（例如，恢复人们对海产品的信心的措施通常只在渔区的污染已经消除，并且进一步污染的风险较小或没有的情况下才会实施）。

- 就营销活动而言，采取的措施与实际目标市场应当有一定的关系（例如，在某地区所采取的旨在消除旅游业负面影响的措施，应当针对该地区的常规游客群体）。

3.5.2 对于营销活动或其他类似活动，只有所开展的活动是常规措施外的一种附加活动时，对其费用的索赔才会被受理。换言之，只有那些消除污染的负面影响所必需的附加措施才会给予赔偿，通常的营销活动将不会被认可。为避免重复工作，如果数个公众团体同时采取与抵消负面影响有关的措施，应当进行统一协调。对于为防止纯经济损失而采取的措施的索赔，只有在这些措施实施后才会被接受。

3.5.3 合理性标准的评估应该从案例的具体情况出发，同时考虑到所涉及的各种利益和采取措施时所了解的事实。在考虑某一组织的营销活动费用的索赔时，应考虑该组织在事故发生后对待媒体的态度，尤其是该态度是否扩大了污染的负面影响。

提出索赔

3.5.4 与营销活动相关的索赔应包括以下内容：

- 所采取的每一额外营销活动的性质、目的、时机和目标受众详情。
- 为减轻事故经济影响而采取的营销策略和活动的费用明细表，以及可以证实这些费用的发票或证明文件。
- 索赔人常规营销策略和活动详情及费用（如有）。
- 额外营销活动的可量化结果。

3.6 环境损害和溢油后研究费用的索赔

赔偿范围

3.6.1 根据两部 1992 年公约，对于环境损害的赔偿，仅限于这种损害引起的利润损失，以及已实际采取或将要采取的合理修复措施的费用。

3.6.2 对于由环境损害引起的经济损失，可接受的索赔案例包括收取公众门票的海洋公园或自然保护区的收入损失，受油污直接影响的商业性海产品的捕捞量下降，可参照本手册中提及的捕捞业、海水养殖业、水产加工业和旅游业经济损失的有关章节（见 3.3~3.4）。

3.6.3 在大多数情况下，重大溢油事故不会造成永久性的海洋环境损害，因为海洋环境有极强的自然恢复能力。尽管在改善自然恢复过程方面，人们所能采取的措施有限，但在有些情况下，溢油发生之后，通过采取合理的修复措施可以加快自然恢复的速度。在某些条件下，因采取这样的措施而发生的费用可以得到赔偿。

3.6.4 鉴于实际上不可能使一个受到破坏的环境恢复到溢油未发生时的生态，任何合理修复措施的宗旨都应该是重建一个生物群落，使溢油时该群落特有的生物再现并正常活动。对于那些在与受损害区域有一定距离但距离不远处所采取的修复措施，只要能够证明它们实际上有助于加快受损环境的恢复，便可以得到认可，该措施与受损环境之间的关系是否符合两部1992年公约对于污染损害的定义至关重要（见1.4）。

3.6.5 除符合第二节所列受理索赔的一般标准外，对于恢复环境所采取措施产生费用的索赔，只有在符合以下标准时才可得到赔偿：

- 措施有望明显地加快自然恢复进程。
- 措施旨在防止事故可能造成的进一步损害。
- 措施应尽可能避免导致其他生境的退化或给其他自然或经济资源带来不良后果。
- 采取的措施在技术上是可行的。
- 采取措施发生的费用应与损害的程度和持续时间以及可能受益的程度成比例。

3.6.6 对索赔申请的评估将以采取修复措施时可获得的信息为依据。赔偿只针对已经采取或即将采取的合理修复措施的费用。对于由环境损害引起的、可使用货币量化的经济损失的索赔，将采用与评估其他经济损失相似的方式进行评估。

3.6.7 为确定溢油造成的环境损害的性质和程度，并确定修复措施是否必要和可行，有时需要开展相关研究。这种研究并不是每次溢油之后都是必须的，通常来说，在发生了对环境产生显著影响的重大事故后，最适合开展这种研究。

3.6.8 基金可以资助这些研究的经费，前提是研究是针对公约污染损害定义范围内的损害而进行的，这里说的损害包括修复受损环境而采取的合理措施。溢油后所进行的研究可以为赔偿提供可信和可用的信息，这是使其具备获偿资格的关键所在。因此，应当秉持敬业、科学、严谨、客观的态度对待这种研究工作，并且权衡兼顾。如果能在受影响的缔约国内设立一个委员会或其他机构，来计划、协调相关研究和修复措施，将最有可能达到上述目的。

3.6.9 研究工作的规模应与污染程度和可预计的效果成正比。另外，如溢油后的研究结果表明事故未造成重大、长期的环境损害，或无必要采取修复措施，仅凭这一事实本身并不能将研究费用排除在赔偿范围之外。

3.6.10 当考虑是否对某起事故开展后期环境研究时，应尽早邀请基金参与决策。如认为研究是必要的，应使基金有机会共同参与研究计划的制定以及研究范围和内容的确定。在这种前提下，基金可以发挥重要作用，帮助避免溢油后环境研究工作中不必要地重复其他地方已经开展过的相关研究工作。基金还可以提供协助，确保研究工作采用适当的技术和聘用合适的专家。对研究过程进行跟踪并清楚、公正地记录研究成果具有重要意义，不仅对某起具体事故来说相当重要，而且对基金编制有关资料供未来案例参考也是至关重要的。

3.6.11 需要着重强调的是，基金参与环境研究计划的制定，并不表示此后提出或采取的修复措施必定符合赔偿条件。

提出索赔

3.6.12 当对修复措施和相关研究费用进行索赔时，应列出以下各项内容：

- 划定溢油污染区域，描述污染程度、分布状态、污染等级和受油污影响的资源状况（例如使用地图或海图，并辅以照片、录像或其他记录媒介）。
- 将油污与事故船舶相联系的分析证据和（或）其他证据（如油样的化学分析结果，相关的风、潮汐和水流数据，以及浮油漂移观测结果及标绘图）。
- 为评估环境损害以及监控所提议修复措施的效果而做的研究的成果和细节，并给出所有费用的明细表。
- 所有已采取或行将采取的修复措施的详细介绍以及费用明细表。

3.6.13 因环境损害造成的经济损失的索赔，应主要参照为纯经济损失（见 1.4.9~1.4.10）所给出的类似模式提出。

NO SMOKING

我的索赔是否能被受理?

提交索赔申请前，确保您对下列问题的回答为“是”（见 1.5.1）：

- 索赔的费用、损失或损害是否实际上已经发生?

- 索赔的费用是否与事故发生后所采取的合理、正当措施有关?

- 索赔的费用、损失或损害是否由该溢油所造成的污染所致?

- 索赔的费用、损失或损害与溢油造成的污染之间是否存在合理的因果关系?

- 您所遭受的损失是否可以量化?

- 您是否能提供适当的文件或其他证据，以证明您的费用、损失或损害的数额?

提交索赔申请需要我提供哪些信息？

在提交索赔申请时，您必须提供下列信息（见 2.4.1）：

- 您的姓名和地址。

- 事故所涉及船舶的名称。

- 您所知的事故发生日期、地点和具体细节，1992 基金已掌握的信息除外。

- 事故所致的污染损害类别。

- 您所索赔的金额。

根据所申请索赔的类别（见第三节），您可能需要提供附加材料。

您可以阅读国际油污赔偿基金网站上的索赔表格样本，或能有所帮助。如发生重大事故，您可从网站上下载相应事故类型的索赔表格，请填写该表格并交给国际油污赔偿基金 / 船舶保险人。

备注

国际油污赔偿基金

清污及预防措施索赔指南

2018 年版

2015 年 4 月经 1992 基金管理委员会代表基金大会通过。

1

目 录

前 言

1992 年国际油污赔偿基金（1992 基金）在其发行的《索赔手册》中，提供了针对油轮所造成油污损害的综合性实用索赔指南。本指南旨在从以下几个方面进一步指导索赔人：是否能够就实施清污及预防措施产生的费用提出索赔、何时提出索赔以及如何提出索赔。虽然在渔业、海水养殖业、旅游业以及其他沿海产业等领域工作的索赔人所遭受损失也具备索赔资格，但本指南仅关注有关清污作业以及其他预防措施费用的索赔。其他领域的索赔人可以查询《索赔手册》或国际油污赔偿基金网站上“出版物”栏目提供的其他具体领域的索赔指南。

这些指南旨在告知所有索赔人（包括缔约国、地方政府、私营企业以及个人等）在发生油污事故后应如何提出清污费用索赔、索赔需要提供哪些信息。

这些指南用于帮助妥善解决索赔问题，但请注意，遵从这些指南并不能保证所有索赔都成功获得赔偿。本指南不对法律问题进行详细阐述，各缔约国亦不能将其视为对相关国际公约的权威解释。

第一节 国际油污赔偿基金简介

什么是国际油污赔偿基金?

1.1 国际油污赔偿基金是为油轮溢出持久性油类导致的油污损害提供赔偿的两个政府间组织（1992 基金和补充基金），起源于 1971 基金，但 1971 基金不再赔偿 2002 年 5 月之后发生的事故损失。

1.2 现行基金为 1992 年国际油污赔偿基金（本指南简称 1992 基金），由加入《1992 年国际油污损害民事责任公约》（《1992 年民事责任公约》）和《1992 年设立国际油污损害赔偿基金国际公约》(《1992 年基金公约》) 这两部公约的国家组成，赔偿范围包括由于油轮溢出持久性油类（不含汽油和其他轻质油）造成污染所导致的人员、公司或组织的损失。对于《补充基金议定书》的缔约国，补充基金还为其境内的油污受害者提供第三层次的赔偿。这些不同公约的具体运作机制相当复杂。更多公约相关信息可查阅 1992 基金《索赔手册》和国际油污赔偿基金官网。

1992 基金能做什么?

1.3 1992 基金旨在赔偿油轮污染事故造成的损害，使索赔者恢复到没有发生溢油事故的情况下应有的经济水平。理想情况下，赔偿金额应与损失金额持平。

赔偿款项怎样筹集?

1.4 油轮所有人通常会向保赔协会投保。保赔协会为从事国际贸易的大部分油轮提供保险服务。少数仅从事国内运输的油轮则投保商业保险。油轮所有人通常通过投保这类保险承担一定金额的油污损害赔偿责任。这也是溢油事故发生后最先用于赔付的钱款。

1.5 如果油轮所有人的保险赔款不足以支付油污事故导致的所有费用，1992 基金将提供赔偿。1992 基金的赔偿款主要由缔约国境内的石油公司根据其所接收的、经海上运输的油类总量分摊。1992 基金缔约国境内，所有年度海运油类接收量超过 15 万 t 的公司必须向 1992 基金缴纳摊款。

1992 基金何时发挥作用?

1.6 根据《1992 年民事责任公约》“无过错”的规定，无论事故是否由该油轮引起，漏油油轮所有人都对溢油导致的损失负有责任，通常通过其保险人（一般为保赔协会）进行赔偿。但《1992 年民事责任公约》同时也允许油轮所有人（根据其油轮吨位）限制最高赔偿金额。一旦油轮所有人支付的赔偿款达到其赔偿限额，1992 基金则有责任支付超出限额的部分。通常，油轮所有人的保险足以支付所有费用，无须 1992 基金介入。但在重大溢油事故中，甚至可能连 1992 基金的赔偿限额都不足以支付所有有效索赔。尽管这种情况很少发生，但一旦发生，每一位应获偿的索赔人只能依其被认可的索赔金额，在 1992 基金的赔偿限额内按比例受偿。然而，如果油污损害发生在补充基金缔约国境内，补充基金将在赔付限额内赔付不足的部分。

1.7 如果污染事故是由自然灾害或完全由于他人（非油轮所有人）主观的故意或因主管机关负责维护的灯塔/灯浮或助航设施故障引起的，则油轮所有人不承担赔偿责任，1992 基金将直接进行赔付。此外，如果无法查明油轮所有人或油轮所有人无力承担赔偿责任，1992 基金也会介入并支付赔偿。

1.8 1992 基金不赔偿由战争、敌对行为或是军舰溢油引起的污染事故。如果无法证明是油轮溢出的持久性油类导致损害，1992 基金也不予赔偿。1992 基金同样不赔偿发生在公海或缔约国领海、专属经济区以外的损害（2.1 中所述情况除外）。

1.9 无论是由船舶保险人还是由 1992 基金进行赔偿，索赔程序和适用的评估标准是一致的。1992 基金与保险人通常紧密合作，处理较大的溢油事故时尤其如此。双方会指定专家来监控、跟踪并记录清污作业的影响和清污过程。专家还会审核调查索赔的技术细节，并协助对损失进行独立评估。尽管 1992 基金和保险人依靠专家协助评估索赔，但是否认可某项索赔以及赔偿的具体金额仍由保险人和 1992 基金决定。

为何会对预防措施费用进行赔偿?

1.10 两部规范油污损害赔偿的 1992 年公约建立在对“预防措施”的共同定义上，即

> *“‘预防措施’指任何人在油污事故发生后采取的任何预防或减少污染损害的合理措施。”*

1992 基金大会认可对这一定义的解释，将其纳入《索赔手册》，希望该定义有助于所有缔约国对公约进行统一解释。《索赔手册》明确了“合理”一词不仅适用于采取的措施本身，也适用于这些措施所产生的费用。除了对预防措施的索赔提供指导外，各指南还通过范例及解释来说明 1992 基金如何应用预防措施这一定义，尤其是在评估索赔时如何对合理性进行考察。

1.11 在实践中，“预防措施”是指为预防或减少缔约国境内的污染损害而采取的任何合理措施。这一定义通常适用于应急抢险及清污措施，但也可能包括为预防或减少油轮溢油损害而采取的救助行动。清污作业产生的维修费用也可以索赔，例如，运输清污器材导致的道路损坏。如果污染损害风险大而紧迫，则即使实际上无溢油，采取的预防措施费用也可能获得赔偿。

1.12 有效的救助和清污作业有助于减少溢油影响，并继而减少油污受害人损失的数量和价值，1992 基金认可其重要性。许多国家，尤其是《国际油污防备、反应和合作公约》的缔约国，已根据不同等级溢油事故制定应急预案，适用于从单个港口内的小溢油事故到影响整个区域的重大事故的不同情况。通常发生重大溢油事故时会启动由国家主管机关参与的国家溢油应急计划，因此预防措施费用的主要索赔人之一可能就是缔约国本身。

第二节 谁可以提出索赔?

2.1 任何为预防或减少缔约国内油污损害采取合理措施的人，无论在何处采取的预防措施，都可以就采取这种措施而产生的费用索赔。例如，某非缔约国对在公海或其领海内发生的溢油事故采取了应急响应措施，其目的是预防或减轻缔约国境内的污染损害，则因此产生的费用原则上可以申请赔偿。

2.2 索赔人可以是个人、合伙企业、公司、私营组织、非政府组织或公共团体，包括国家和地方政府。尽管清污工作通常由当地或国家主管机关完成，包括清理受到油污污染岸上财产的个人、雇用清污单位清除海滩油污的连锁宾馆、雇人清洗遭受油污的野生动物的动物保护组织或清除船台油污的帆船俱乐部等其他类型的索赔人，也会提出清污费用索赔。

2.3 不同缔约国对油轮溢油应急处置有不同的适当安排。一些国家使用自有或签约清污的应急力量，而一些国家则依赖油轮所有人雇用专业清污公司。还有一些国家可能由国有企业进行清污，但几乎 1992 基金参与的每一个案子，缔约国主管机关（国家或地方层面）都或多或少会参与进来，参与清污作业、指挥清污工作或监督其他方的清污活动。

2.4 理想情况下受港口、当地或国家主管机关指派参与行动的清污单位，应该与该主管机关签订合同。主管机关之后可就支付合同发票所产生的费用提出索赔。然而，有时专业清污单位与指派设备、人员、物资的主管机关之间没有合同，此情况下前者会寄望于船舶所有人及其保险人，或者必要时 1992 基金将支付该费用。在不存在合同关系的情况下，清污单位可以直接向船舶保险人和 1992 基金提出索赔，但是 1992 基金只赔付合理费用。当协议清污单位的应急行动超出了合同约定的范围，发票显示的索赔费用可能无法获得足额赔偿（见第四节示例）。

2.5 如前文所述，一些主管机关希望油轮所有人能够提供清污物资，甚至未持此类想法的主管机关也会欢迎船舶所有人参与清污。比如，有的船舶所有人隶属于行业协会，就可以优先使用溢油应急设备。然而，只有采取合理措施产生的费用能够受偿，特别值得注意的是，如果应急措施没有取得实质效果，仅为公关目的而实施，那么产生的费用将不能得到赔偿。

2.6 同样，货物所有人可能也有溢油应急设备资源，并愿意提供给溢油应急行动使用，由此产生的费用可以从船舶保险人和 1992 基金处得到赔偿，但单纯为公关目的而产生的费用依旧不能得到赔偿。

2.7 如果独立组织或公司为应急行动提供协助，那么他们应在负责的主管机关的合作与指挥下作业。因为重复的清污作业不能获偿，所以清污作业相协调是最重要的。

2.8 为使索赔能被受理，索赔人必须能够证明他 / 她或其代表的组织遭受了经济上的损失。对于采取的预防措施，则应当证明所发生的费用与预防、清除溢油污染直接相关。

第三节 发生油污事故时应该做什么？

3.1 1971 基金成立后不久的 1980 年，基金工作人员和专家对导致 19 000t 燃料油溢出的“Tanio”轮事故造成的污染情况进行了空中勘查。当飞机沿着法国西北沿岸飞行时，发现了大片被油污污染的海岸和海湾，油污带宽 2~3 km。当时摆在人们面前的问题是：怎样才能清除这些污染？

3.2 无论是当时还是现在，答案都是一样的：尽管污染看起来非常严重，但是被污染的海岸还是能够清理干净的。自 1978 年以来，国际油污赔偿基金处理重大溢油事故的经验证实了这一点。事实上就“Tanio”轮事故而言，绝大部分的油污已在 1980 年夏天被清除。

3.3 船舶保险人和 1992 基金拥有一套久经考验的损害赔偿评估方法，但是由于所有索赔都需要进行详细评估，索赔人最终得到赔偿要花费一定时间。不过在大多数案例中，清污费用的赔偿都能够得到友好解决，而无须诉诸司法途径。

3.4 一旦发生溢油事故，应当立即与船舶保险人或 1992 基金联系，并告知事故的大致情况，这样，船舶保险人 /1992 基金可以决定是否需要派专家到现场提供帮助。船舶保险人 /1992 基金及其专家不仅能够提供适当的清污技术咨询，还可就如何将溢油损失降到最低以及如何提出索赔提供建议。

3.5 如果事故发生一段时间后才通知船舶保险人和 1992 基金，基金将很难充分了解事发当时的情形以及索赔费用产生的情况。1992 基金的联系方式详见本指南的最后。

3.6 索赔人所提供索赔证据的可信度高是索赔获得成功的必要因素。索赔证据应当准确、全面地记录自事故发生时起，从通知、动员应急力量至行动结束期间采取的每一步应急行动。采用照片、视频合辑以及说明性地图的形式叙述解释所采取的行动，将有助于 1992 基金及其专家了解采取预防措施时所处的境况及采取这些措施的原因。尽管在 1992 基金参与的大部分事故中，船舶保险人和 1992 基金会派专家对清污作业进行跟踪并提出相关建议，但是专家不可能兼顾到每一项清污作业，尤其是污染范围比较广的事故。关于清污费用索赔必须提供的材料的进一步指导详见本指南第八节。

3.7 建议在应急行动的决策过程中，对相关会议内容进行记录，并保存所有书面文件和其他记录。通常应急机构会指定专人负责上述记录的保存工作，由此而产生的合理人工费用通常可以提出索赔。

3.8 对产生的费用尽可能准确、及时地记录也是很有价值的。因为由此可以快速辨别以及评估比较大额的费用支出，从而对是否继续维持该费用水平作出合理判断。此方法的优点之一是可以确定在应急行动进程中不再使用、可以清洗并退租设备的后续费用。

第四节 哪些索赔可以受理？

一般原则

4.1 在所有案件中，索赔人必须充分满足《索赔手册》1.5 列出的标准：

- 只有对油轮泄漏的持久性油类物质所造成的污染损害费用提出的索赔才可以获得赔偿。
- 污染与索赔的费用之间必须有紧密的联系。
- 索赔人必须证明他们花费了多少费用，并且必须提供材料来支持索赔。
- 索赔费用必须是已经实际产生的。未来预期费用的索赔将无法得到赔偿。
- 所有索赔必须是采取合理措施的费用，并且将根据该事故的特定情况和事故发生地点，对每一起事故费用进行评估。

4.2 对预防或减少污染损害所采取的措施而产生的费用提出索赔必须满足以上条件，但要特别强调的是合理性标准。清污作业是否适当、清污费用是否正当、清污措施是否合理，都要根据决定实施这些措施时的具体情形和掌握的事实情况进行评判。在大多数案例中，会对实际采取的减少污染损害的措施进行评判。

4.3 有关应急行动，特别是海上应急行动的决定，通常是在无法预料油污事故必须紧急处理的情况下作出的。船舶保险人/1992 基金会将主管机关在这种情况下作出的决定及在作决定时所掌握的信息考虑在内。然而，随着事故的发展，对具体情况的进一步了解和掌控，为确保其继续符合合理性标准，应当尽早评估清污措施以及产生的费用，例如，可适时重新评估情况最紧急时可接受的费率。

4.4 对于那些可以预见无效的措施所产生费用的索赔则不予受理。例如，对固体油类或半固体油类使用消油剂，以及不顾在快速水流中使用围油栏无效而仍加以布放。从另一方面看，措施事后被证明无效这一事实本身，不应作为拒绝索赔的理由，但前提是在决定采取某项措施时，已认定其在技术上是合理的。在对此类索赔进行评估时，1992 基金会将主管机关作出决定之时所掌握的信息考虑在内。

示例

港口主管机关通知本港内的清污单位去数英里之外的海岸清理油轮搁浅造成的溢油，该清污单位虽与港口主管机关存在良好的工作关系但并没有签订合同。大量重油溢出时正值冬季水温较低，威胁到港口及附近海岸线。该清污单位接到指令使用消油剂阻止油污到达岸边，但由于吹拢风使得油污迅速到达岸边，只能在岸边清除油污。

根据双方专家的意见，保险人以及 1992 基金断定这次应急清污作业不合理。因为在当时的条件下，可以预见使用消油剂是无效的。而由于该清污单位与港口主管机关之间未签订合同，即使其声称是遵照指示清污，向船舶保险人和 1992 基金提起的索赔也可能会被拒绝。如果该清污单位与港口主管机关签订了合同，其产生的费用可以由港口主管机关支付。但是由于清污措施被认定为不合理，由港口主管机关提出的该清污单位费用的索赔就不可能成功。

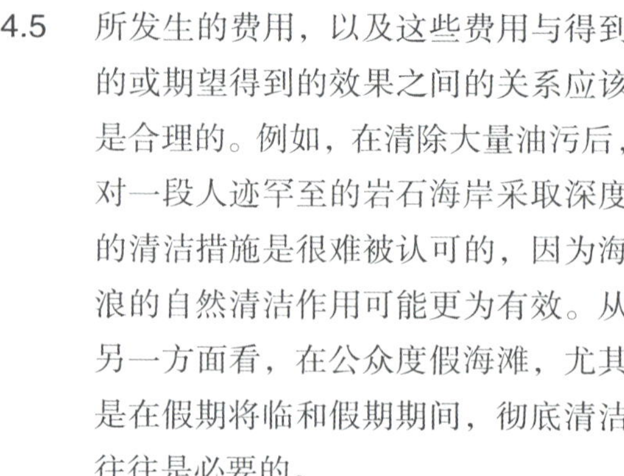

4.5 所发生的费用，以及这些费用与得到的或期望得到的效果之间的关系应该是合理的。例如，在清除大量油污后，对一段人迹罕至的岩石海岸采取深度的清洁措施是很难被认可的，因为海浪的自然清洁作用可能更为有效。从另一方面看，在公众度假海滩，尤其是在假期将临和假期期间，彻底清洁往往是必要的。

4.6 应急机构常常发现自己迫于政治、公众以及媒体的压力而采取一些技术上并不合理的措施，这是可以理解的，但这部分费用往往无法索赔。例如，将参与岸线清污的人员，增加到超出可以有效管理的数量，或清污作业的时间远远超出技术上的合理期限，这些都不可能被认定为合理行为。1992 基金在可能时会以书面形式尽快通知主管机关，根据基金现场专家的建议，基金认为出现了前述情况，且在某个日期后采取的措施可能无法获得赔偿。这并不代表主管机关必须遵从这一建议。缔约国可以按照自己认为适合的方式开展清污，这一点毋庸置疑。但如果收到了此类通知，对于 1992 基金认为某个日期之后采取的不合理的清污措施，缔约国应意识到此类费用可能是无法获赔的。

示例

事故发生后，来自不同国家的专业清污船舶在海上回收油污。行动持续了几周后，溢出的油污性质发生改变并大范围扩散，因此使用这些专业船舶不再能够有效回收大量油污。船舶保险人/1992 基金聘请的专家将这一情况告知船舶保险人/1992 基金以及这些船舶清污工作水域的主管部门。但在评估清污费用的相关索赔时，1992 基金就会设定一系列的时间段来限制每艘清污船合理有效的工作时间，超出时间段的费用不接受索赔。

4.7 上述案例意在解释 1992 基金提出的“合理”措施。基金缔约国的主管机关有权实施其认为必要的措施并在认为合适的时间结束应急行动，但是，建议其定期审视所采取的行动是否合理以及在未来的费用索赔中能否被认定为是合理费用。

4.8 在溢油应急组织承受巨大压力的关键时刻，“负面报道”会影响其清污的信心、动力和行动的凝聚力。尽管我们承认良好的媒体关系十分重要，但是处理媒体事务的费用不能被认定为预防措施费用，媒体报道清污作业的费用也不能得到赔偿。

额外及固定费用

4.9 政府主管机关或准公共机构通常动用长期雇员或船舶以及这些部门或机构拥有的车辆和设备，进行清污作业。由此可能产生合理的额外费用可以得到赔偿，前提是这些费用纯粹是由事故发生而产生的，而且如果没有发生事故、未进行相关作业就不会产生。

4.10 政府主管机关或准公共机构产生一定比例的所谓“固定费用”可以赔偿。固定费用是指对于政府主管机关或准公共机构来说，即使事故未发生也会产生的费用，例如发给固定员工的正常工资。然而，如要获得赔偿，这种费用必须与相应的清污期间有密切关系而且不包括预期管理费用。政府主管机关派遣人员对于应急响应有多种益处，例如其有完备的指挥和控制体系，可以有效增强溢油响应的组织效率。对于将员工另行指派开展清污工作的这些机构来说，意味着这些员工的正常工作职责需要另行安排，可能会产生额外的费用，或者导致其相关的日常工作效率降低。

第五节 哪些费用可获得赔偿?

5.1 在大多数情况下，海上及岸上清污作业被视为预防性措施，因为这些措施通常为了防止或减轻污染损害。

5.2 清污费用包括应对海上溢油、保护易受影响的资源（如敏感的沿海栖息地、工厂的海水取水口、海产养殖场以及游艇码头）、清理海岸线及沿岸设施以及处理回收的油及油污废物等合理措施产生的费用。同时也包括清洗及康复被油污污染的野生动物，尤其是鸟类、哺乳类和爬行类动物产生的合理费用。

5.3 对于清污作业的索赔可以包括飞机、船舶、车辆的费用，租赁或购买设备、材料以及人员的费用，对于没有投入使用的备用设备在索赔评估时要以较低的折旧率来计算，以反映出设备的低损耗。在清污作业期间，清污设备的清洗、维修以及易耗品的更换所产生的合理费用均可获得赔偿。设备、船舶、飞机、车辆以及人力都是根据具体情况评估的，同时考虑到事故发生地可以获得的适当资源和合理日费率。

海、陆、空观测

5.4 为确定海洋及海岸线受污染的范围和认定易受污染的资源而进行空中勘查所产生的合理费用可以赔偿。赔偿时应考虑的一个因素是所使用的飞机类型是否适当。比如，海事固定翼监测飞机在海岸线勘查时就不如操作灵活的直升机合适。海上勘查效果尽管不如空中勘查效果好，但在某些情况下比空中勘查更合适，产生的费用同样可以得到赔偿。然而，除了配备夜间观测设备的飞机外，其他飞机和船舶在黑暗中对油污进行空中或海面的观测通常认为不合理。如果油污到达岸边，则需要进行更细致的岸边监测，以了解在受影响区域油污数量并决定最佳清污方式。一旦开始清污，就需要定期监控，追踪油污运动轨迹和特性的变化，并视情况调整清污方式以与现场环境变化相适应。

5.5 不论以海、陆、空哪种方式观测油污，都以采取合理预防措施为目的。一种观测措施是否合理是根据所提供的信息能否合理地被运用到清污工作中进行评判的。如果一个清污工作中有许多组织参与，则应当合理协调观测措施以避免重复劳动。

飞机

5.6 飞机的合理费用可通过2种方法计算:（1）根据飞机实际运营费用计算租用费率；（2）对比同等水平的商用飞机费率。如果信息完整，飞机实际费用的计算方法是将飞机的购买费用平摊到预期使用寿命中，加上每年的花费（如贷款、保险、检验、维护以及人员费用）后除以每年使用飞机的天数。这种计算方式有时被称作“基本原则”。有时动用具有主要用于海上防御的飞机是因为这类飞机适合长距离空中监测海面，并可以由政府调配、控制。然而，相对于商用飞机的费用，这种飞机的运营费用可能包含很大的固定费用，因为其配备了更精密的设备和更多的人员进行常规海上监测、防御行动，在计算合理费率时也要将上述因素考虑在内。

5.7 通常，商用飞机按飞行小时计费，有时还会设定一个每天最少的飞行时数。飞机从其正常运营基地飞往溢油区域可能收取停机位费用。这个费用与着陆费、人员费用一样通常可以收取。在发生重大溢油事故中动用多架飞机时，有必要签署一份协议并指定管理飞机飞行的人员。

船舶

5.8 与 5.6 描述的飞机费用的计算方法相同，船舶的合理费用也可通过 2 种方式得出：（1）实际运营船舶的费用（见 14 页示例）；（2）对比同等水平的商用船舶费率。如果信息完整，在计算日费率时还要考虑船舶的固定费用。如果船舶的功能与溢油应急行动不符，比如动用的是防御型船舶，显然这类船舶的固定费用不能包含在溢油应急行动费用中。

5.9 待命费率一般为使用费率的一定比例：一方面是因为日费率中包含燃油和润滑油的费用，而待命时消耗的燃油少；另一方面是因为船舶一直处于待命状态，磨损比较少。如果一艘船舶一切准备就绪却没有参与清污作业，就认定船舶“待命”，例如不良天气时停靠港口或清污作业尾声时清洗船舶。在评估船舶费用时，还要考虑船舶的功能是否适合应对其需要参与的溢油事故。

5.10 有些缔约国加入了互助组织，根据其互助协议可以在一起事故期间，由一个国家向另一个国家提供溢油应急反应船。船舶或其他设备的提供国通常根据紧急情况下资源运作的必要性设定一个接收国可以接受的费率。有些船舶也可以按照市场费率制定费率。

5.11 在评估船舶使用情况时，如果索赔费率明显偏高，则会将该费率与根据公式计算出的船舶费率进行比较，例如根据船舶的参数。

5.12 以下示例反映了应急反应船日费率的一种计算方式，尤其适用于没有考虑盈利的国家机关或政府机关的公务船舶。其中使用的数据仅为举例，不应理解为提出的合理费率。

示例

溢油应急反应船租用费率计算方法

船名	应急 II
总吨	650
载重吨	1 500
发动机功率，kW	2 500
建造年份	1998

人员费用（货币单位）英镑	
船长（1 500/ 月）	18 000
大副（1 000/ 月）	12 000
轮机长（1 250/ 月）	15 000
船员（800/ 月）	9 600
机工（800/ 月）	9 600
甲板水手（600/ 月）	7 200
小计	**71 400**

每年费用（货币单位）英镑	
船舶费用	4 500 000
使用寿命超过 15 年	300 000
保险	60 000
船级检验	5 000
维修及停泊	200 000
监理	7 600
燃油费（平均 5 000 L/ 月，0.3 英镑 /L）	18 000
储备食品及消耗品	32 400
小计	**623 000**
人工费小计	**71 400**
每年总费用	**694 400**

日费率 = 每年总费用 / 可工作天数	
一年天数	365 天
减假期	13 天
减周末	110 天
减检验及维修时间	20 天
总的可工作天数	**222 天**
日费率（694 400 英镑 /222 天）= 3 128 英镑 / 天	

专业设备

5.13 计算日费率，以便在设备预期使用寿命内补偿购置费用以及一定比例的储存、保险和维护费用。如果设备是私人清污公司所有，在评估费用时还应考虑合理的收益作为投资回报。一类设备的预期寿命与其建造及设计抗压条件有关。例如比较耐用的收油机和海上动力装置预计通常持续的“使用”期限为 180 天，而海上围油栏大约为 90 天，不太坚固的岸滩设备的使用期限则更短。

5.14 如果事故持续好几个星期，清污作业的时间也会比较长，会远超过设备的预期使用寿命，则可以支付设备全部的购置费用。然而，值得注意的是，没有经济奖励，设备待命状态就没有利润，这种情况下可以使用另外 2 种方法计算合理费率：第一种是随时间推移费率逐渐减少；第二种则是一旦累计日费率超过设备购置费用1倍时，日费率封顶。然而，在这之后能够接受的合理费率应包括使用及维护设备的费用以及对于商业公司而言的一定的利润。

5.15 索赔专业设备使用费时应当提供设备的详细情况，包括照片以及能证明应急行动时其使用情况的信息。

示例

某清污公司提供收油机 20 天，其中 5 天待命。设备，包含一个动力装置、泵以及辅助设备的含税购置价格为 36 000 英镑。

假设设备的“使用”寿命是 180 天，则收油机的基础费率为

购置费用 / 预期使用寿命 = 基础日费率

36 000 英镑 / 180 天 = 200 英镑 / 天

除此之外，应当加上设备维护和储存费用，清污公司还应加上财务费用和一定的利润。但这种费用通常不公开。因此，对于清污公司而言，通常可接受的日费率以 2 倍为限，也就是说，在本示例中，使用费率是 400 英镑 / 天，待命费率为 200 英镑 / 天。

索赔金额为

15天×400英镑/天+5天×200英镑/天=7 000英镑

本示例中使用的数字仅为举例用。

岸线清污

5.16 大部分岸线清污不需要专业设备，通常需要人力操作挖掘机、前端装载机、卡车和其他车辆。索赔应参考当地人力和非专业设备的市场费率。在评估这种索赔时，要对比事故发生地车辆和设备租赁公司的商业费率。这种评估应考虑紧急情形，由于情况紧急通常导致必要资源较少，以至于不得不花钱从更远的地方获取资源。然而，可以预见当事故进入到清污实施阶段将会以正常费率计费。

人员

5.17 在清污作业中，将有大范围的人员参与，包括国家及地方政府部门、部队、清污单位及志愿者。各种人员费用各不相同，因此需要记录可能索赔的工作时长以及在应急过程中所承担的不同角色。基金是否接受政府部门的人员费（即工资、社保费用及加班费）索赔，一般取决于其是否认可相关政府部门的该笔实际支出。多数行政机关为他们的员工建立了较好的费用制度，但在政府索赔人员费时，应明确所使用费率各单独费率明细，以便将类似没有参与到事故的总部工作人员费用这类远程管理费用剔除。

5.18 志愿者的劳动是不计费的，但这并不意味着不需要费用。志愿者的各种相关费用包括人员管理费以及保险、当地交通、住宿和食物等费用。与政府工作人员及雇员一样，志愿者也需要个人防护装备（PPE）、靴子、手套、工装裤、雨具等，以及开展工作所需要的工具。通常，在受污染区域志愿者索赔的合理费用是可以接受的，但不包括从较远的住处到受污染区域所产生的路费。

易耗品

5.19 溢油应急反应中消耗的材料典型的有燃料油、消油剂、吸附剂、个人防护装备、塑料袋、塑料布、绳子和很多各式各样的东西，还可能有一些不可能在事故结束后再使用的小工具如水桶、耙子、铁铲、泥铲等。应提供每样东西的购买发票，并记录好使用情形。例如，应该详细记录为飞机、船舶和车辆购买燃油的台账，并记录使用情况以及各个飞机、船舶、车辆在应急反应中的用途。类似地，需要记录诸如消油剂、吸附剂和个人防护装备等项目的使用台账，记好日期、数量以及使用情形。

购买物品

5.20 在一起事故应急反应中所特别购买的物品可能包括围油栏、收油机、泵、临时储油罐以及办公家具、电脑、全球定位系统（GPS）、照相机、录音机，等等。这些物品都很贵重，在应急处置结束时可能还有一个较高的残值。假定购买都是合乎情理的，在应急行动中使用也很合理，那么有两种申请赔偿方式可供选择：或者如 5.14 所述根据合理的租用价格来索赔；或者根据购买的价格减去残值来索赔。残值的计算基于事故发生地所在国家的计算标准。索赔需要提供发票，还要对物品在应急反应中是如何使用的作出清楚说明。

设备损坏

5.21 在一起事故中设备由于使用而损坏通常分为以下 2 类：损坏到无法维修和需要临时检修。为了保证设备正常运转进行较小的临时检修所花的合理费用作为索赔的一部分是可以接受的，而日常保养不在此列。在对无法维修的损坏进行评估时要考虑几个因素，如损坏是怎么发生的、原始购买价格、重新购置费用以及设备的老化。提供损坏的照片以及损坏是怎样造成的描述有利于进行索赔的评估。

怎样才算干净？

5.22 最难解决的问题之一，是决定清污作业应当何时结束。虽然对于应急响应的各个方面都很重要，但对于岸线清污尤其重要，这个问题可以概括成："怎样才算干净？"。问题的难度在于随着海面油量逐渐减少，清除残余油污的任务变得十分艰巨，有时付出的努力甚至远超后续工作的效果。这种情况因岸线的类型不同而不同，比如，通常沙滩比鹅卵石滩的易清洁程度更高。岸线清污的收尾工作要考虑的是选择合理的结束节点，这取决于岸线是"使用型"还是"服务型"。比如，度假海滩与偏远的岩石海湾的清污作业结束节点就非常不同。1992 基金的专家会对何时结束行动提供建议。就像前面所述，如果 1992 基金意识到继续清污有可能已经超出了合理的结束节点，将争取把这一观点正式以书面形式通知相关主管机关。

5.23 下文列出的结束节点可称为清污作业所要达到的目标的典型范例。然而，在一些情况下，比如，出于安全考虑或工人所面临的风险，就不可能达到表中所描述的结束节点。

何时结束清污作业——怎样才算干净？

清污作业 / 岸线类型		典型的清污结束标准示例
海上	• 通常情况	油污蔓延区域广，油层破碎、变薄或已自然分解
	• 机器回收	油污已风化，大量油污不可回收
	• 使用消油剂	根据油污风化和乳化的情况——消油剂不再有效
沿岸	• 通常情况	还原岸线"使用"或"服务"功能
	• 高级度假区域——公众容易进入的地方	结束节点：无味——没有可见油污或表面没有光泽，没有掩埋油污的迹象——没有油腻感
	• 工业码头	结束节点：轻微油迹
	• 偏远的岩石海湾	结束节点：清除油污——依靠自然清洁作用
	• 生态敏感区	结束节点：依自然的敏感性 / 季节性而定——仔细清除油污——需要专业建议

废弃物处置

5.24 清污作业通常会产生大量的回收油和油污垃圾。运输、储存和处置回收物质的合理费用可以获得赔偿。如果回收的油污可以出售，此收入要在赔付款中扣除。

5.25 油污废弃物的处置通常受控于国家或地方的规定。此外在重大事故中，待处置的废弃物数量会超出现有处置方式的处理能力，需要将废弃物临时堆放在储存点。然而，如果在适用规定内有多种可用的处置方式，为获得处置费用的赔偿，应该选择性价比最高的处置方式。

5.26 应尽量使废弃物收集数量保持在最小量。经验表明，废弃物的数量通常是溢油量的10倍。如果收集的废弃物数量与溢油量的比例远超过10，将需要对产生过量废物的情况进行进一步核实，并可能导致部分清污和处置费用被认为是不合理的。

示例

在溢出2 000 t重油的清污作业中产生了将近80 000 t油污废弃物，然而估算此次溢油事故将产生大约20 000 t废弃物，但事实上回收的废弃物数量是溢油量的40倍。根据对地磅凭证的核实和堆放废弃物的数量估计，确定废弃物数量存在一定的问题。在评估处置费用、相关交通费和储存费的索赔时，1992基金认为，在一些地方不恰当地使用重型机械清除岸线油污会导致收集到过量的油污废弃物。经过详细调查后得出的结论是，不良天气和清污岸线的类型会导致一些特殊情况，因此40 000 t废弃物的处置费用被认为是合理的。

救助作业

5.27 救助作业在某些情况下，可能含有预防措施的成分。如果这些作业的最初目的是防止污染损害，产生的费用原则上可根据 1992 年公约获得赔偿。但如果救助作业另有目的，比如救助船舶和（或）货物，公约对此产生的费用不予受理。如从事的活动以防止污染、救助船舶和（或）货物为双重目的，而作业的最初目的又不能确定，由此产生的费用将在防止污染与救助作业之间按比例划定。在评估与救助有关的预防措施费用的赔偿请求时，不以确定救助报酬所适用的标准为依据，而是仅限于作业产生的费用，并包括合理的盈利部分。

从沉没的油轮中抽油

5.28 从沉没的油轮中抽取剩余油类的费用是否合理，每个案子有所不同，要考虑很多因素，这些因素在《索赔手册》中有详细介绍。抽油的第一步通常要测量沉没油轮中所载的剩余油类的数量，这样做能将引发再次污染的风险降到最小。其他要考虑的因素包括沉船的状况、抽油作业时溢油的风险、成功抽油的可能性和抽油的费用，尤其要比较如果将油保留在沉船处可能造成的污染损害。

清理和康复被油污污染的野生动物

5.29 捕获、清理和康复被油污污染的野生动物需要由受过专业训练的人员进行，一般情况下这些工作由专业团体开展，并经常有志愿者在溢油地点附近建立清洗站来提供帮助。清理工作通常是困难和缓慢的，而且会给动物造成更多痛苦，所以只有在确定动物存活可能性较大的情况下才进行清洁。为提供与事故规模相称的当地接收设施而产生的合理费用通常可以获得赔偿，物资、医药及食物费用可获得赔偿，志愿者合理的食宿费用也可以获赔。为避免重复工作，当有数个专业团体同时在进行清理与恢复作业时，应当对这些作业进行合理协调。在特定事故中，为维持现场作业活动而从公众中募集的款项，应在计算赔偿金额时予以扣除。

行政费用

5.30 在跨区域工作中合理的行政费用可以索赔，这种费用无法简单区分，但却与清污作业有密切联系，也就是非间接损失。在索赔这类费用时有时会使用不同的项目名称，比如管理费、综合费用或综合管理费用。这类费用通常包括财务费用、固定费用、复印费、电脑费用、通信费和办公费用，以及清污作业期间维持机构运转所需的综合费用。

5.31 行政费用通常以索赔金额的一定比例提出。然而，如果超过索赔金额的 5% 则不会被受理，1992 基金可能会要求提供个别费用的详细信息。相应地，如果个别行政费用在索赔中作为一项单独费用，可以预料到行政费用会按比例被削减甚至全部被砍掉。在金额较大的索赔中，以百分比形式提出的行政费用金额会非常大，远超过这类费用的实际开支。这种情况下通常的做法是如果评估的费用超出确定的金额上限，会削减行政费用的比例。

5.32 参与应急反应的组织，例如清污公司、车辆驾驶员、餐饮公司等通常需要签订承包合同或分包合同，而且承包商或分包商可能会额外开出一定比例发票用作行政费。如果分包的链条很长，船舶保险人/1992 基金将赔偿合理的整体比例的费用。

聘请顾问

5.33 在索赔时可能会需要专业帮助，某些情况下可以索赔顾问完成工作的合理的费用。作为评估索赔的一部分，1992 基金将审查是否需要咨询或帮助、咨询效果、咨询时长、价格如何以及对整个索赔过程的价值。在涉及很多主管机关、代理以及不同清污地的清污公司的重大事故中，进行索赔会比较复杂，要花费很长时间收集所有证明材料。在这种情况下，进行索赔产生的合理费用也可以得到赔偿，而在一些不太复杂的索赔中则把这部分费用算在行政费用里。

5.34 在多数案例中，解决预防措施费用的索赔是通过友好协商达成的，而不需要把案子提交到法院。因此，通常对 1992 基金缔约国内的清污作业的索赔提供法律咨询是没有必要的。然而，如果在事故发生之日起 3 年内（损害在事故之后发生的）还没有和解，您可能需要法律咨询以保护索赔权利（见 8.10）。1992 基金将支持合理咨询费用。

第六节 何时应提出索赔?

6.1 您应当尽早提出索赔，如果您考虑稍后再提出索赔，应将此意图当告知1992基金。

6.2 赔偿款通常只支付已经发生的费用。尽管尽早告知1992基金发生的油污事故以及正在进行的清污工作非常重要，但相关的费用只能之后得到赔付。1992基金也理解，如果清污工作持续了几周或几个月，清污单位的现金流动量会出现问题。工人的工资通常按周结算，这会导致资金紧张，尤其是在大型、复杂的溢油事故中，人员工资是一笔较大的费用。在这些事故中，对清污工作进行过程中提出的这些复杂索赔可以进行评估并考虑临时支付。这种临时支付的费用在未经最终评估之前，可能只占索赔费用的一定比例，旨在减轻即时出现的现金流动量困难。

6.3 如果因各索赔人的索赔总额可能会超出公约的赔偿上限而导致各项索赔存在被按比例赔付的风险，则政府作为索赔人可能会选择排在最后赔付。排在最后赔付旨在提高非政府索赔人的获偿比例或避免他们的索赔被全部按比例赔付。有时在所有非政府索赔人获赔后，基金还可以足额赔偿政府的索赔或至少赔付一部分。然而，所有非政府索赔人获赔可能会花费掉好几年时间，因此最重要的是，即便是排在最后的索赔也要在事故发生后尽快进行调查，而非观望形势看是否还能有余款赔付。随着时间的推移，政府索赔人会发现提供船舶保险人/1992基金询问所涉及的必要信息越来越困难。事故发生时参与行动或者能协助船舶保险人/1992基金询问调查的人员可能都找不到了。

6.4 无论您索赔哪个时间段的损失，您都应尽早提出索赔，且必须在损害发生后3年内提出。如果您已提出索赔，但没有与船舶保险人/1992基金在损害发生后的3年期间达成协议，则必须诉之于法庭以维护自身权益。如未采取该措施，将会导致您索赔权利的丧失。虽然损失可能在事故发生后某个时刻出现，但是索赔人无论如何都要在事故发生之日起6年内提起诉讼（更多信息详见《索赔手册》2.5）。

第七节 如何提交索赔？

7.1 索赔表格从何处获取及怎样提交？

7.1.1 如果发生事故，您可以访问 1992 基金网站（www.iopcfunds.org）或询问船舶保险人 /1992 基金，获取索赔申请程序说明及专为该事故编制的索赔表格和其他便利服务。建议索赔人提交所有必要文件以支持其索赔。索赔表格有助于您整理并提交评估索赔所需信息，从而加快评估进程。提交索赔时应一并提交相关文件的原始文件或经确认的副本，如日志、会议纪要、采购订单、发票、收据以及其他记录等。请务必保存所有已提交文件的副本备用。请注意，上述文件仅在您要求返还时才会退还给您（且通常在理赔结束后退还）。对于完全在《1992 年民事责任公约》限额内的溢油事故，由于不涉及 1992 基金，相关事宜应联系船舶保险人。

7.1.2 一般来说，您应当通过船舶保险人在当地的通信代理或代表的办事处提交索赔；如为重大事故，则通过船舶保险人和 1992 基金专门设立的索赔办事处提交索赔。索赔办事处会协助您提出索赔，在您填写索赔表格的过程中提供建议，将您的索赔转交给船舶保险人 /1992 基金，并在您的索赔经审核且船舶保险人 /1992 基金批准赔偿金额后协助赔付。索赔人应当注意，是否赔偿或赔偿多少这类问题，由船舶保险人 /1992 基金决定，保险人的通信代理 / 代表、索赔办事处工作人员及专家不做相关决定。在溢油船舶不明或者没有保险人的情况下，应直接向 1992 基金提交索赔。无论索赔人是否正与基金及其专家进行密切磋商，索赔时仍须正式提交索赔申请。

7.1.3 国际油污赔偿基金网站上会提供保险人的通信代理 / 代表或索赔办事处的具体联系方式。当地媒体通常也会刊登详细联系信息。1992 基金详细联系信息见本指南封底。

7.2 应提供哪些信息？

基本信息

7.2.1 向船舶保险人 / 1992 基金提供您采取的清污和预防措施及发生的费用方面的证据材料越详细，您的索赔被评估的过程也就越快。特别是您应当提供：

- 索赔人的姓名、住址，代理人或顾问的姓名，或者您所代表的组织的名称和地址。
- 涉事油轮的船名（如果知道），或者能证明溢油来自油轮的证据。
- 事故发生的日期、地点及详细情况（除非 1992 基金早已得知这些信息）。
- 索赔清污（预防措施）费用的确认书。
- 索赔金额及如何计算出这一金额的图表。

7.2.2 对于索赔清污费用来说，一并提交采取的行动与相关费用相关联的支持性文件很重要。船舶保险人 /1992 基金雇用的专家在进行评估时会复查根据

清污行动而索赔的这些费用。因此，一项索赔应明确表明索赔人做了哪些工作，为什么、何时、何地、由谁做的这些工作，以及使用了什么物资、花费了多少。同时提供发票、收据、工作记录表和工资单以及有用的费用证明材料，其本身并不能充分证明索赔，但如果额外提供一份简短的报告说明索赔费用与清污行动的关系将非常有利于评估索赔。

以电子形式——电子表格提交索赔材料

7.2.3 尽管一些索赔只能提交原始的支持性文件或经确认的副本文件，但以电子形式提交的材料非常有助于索赔评估。电子表格提供了一种帮助归纳支持索赔所需的重要信息的有效方式。理论上电子表格会有一页摘要页，并附着每个协议清污单位、组织或工作点的支持性材料。每个应急组织或协议清污单位应当保存一份每天的工作日志，包含工作人员的人数、使用的设备和物资的类型和数量、清污岸线的种类及长度以及收集的废弃物数量。如果使用应急船舶在海上清污，还需要一份从航海日志中提取出必要信息用于解释采取了哪些措施的材料。

7.2.4 协议清污单位经常只提交一份简单的索赔表格来支撑其索赔的全部费用。在证明其各个工作地点的费用是如何产生方面，这种做法提供的信息经常是不充分的。船舶保险人 /1992 基金雇用的专家通常需要跟踪清污行动，并将他们所观察到的情况与随后的费用索赔联系起来，因此仍需要协议清污单位提供每个工作地点的信息。附件中提供了一个模拟的清污行动及简化的典型索赔电子表格范本，提供该范本的目的是展示索赔的清污费用包含哪些部分（图 1）和证明清污行动所产生费用应当提交的材料类型（表 2）。电子表格只是一个例子，其中提到的数字不能代表索赔的合理费率。

7.3 支持性信息和材料

7.3.1 以下（26~27 页）清单提供了各种支持性信息和材料示例，这些材料应当与清污过程中使用的特定物资费用和产生的其他常见费用索赔一并提交。这些信息材料可以协助船舶保险人 /1992 基金评估您的索赔。在船舶保险人 /1992 基金合理预期范围内，索赔人能够提供哪些信息，衡量这一点时，应将受事故影响的国家的常规计费核算做法考虑在内。同时鼓励索赔人在索赔期间与船舶保险人 /1992 基金保持沟通，以便清晰理解编制索赔申请的方法以及船舶保险人 /1992 基金提出的促进索赔评估方法的机会。在一些大型油污事故中，这种对话尤其有益于缔约国提交的其国家机构及政府部门所遭受损失的复杂索赔申请。

7.3.2 以下清单所列内容并非详尽无遗，并且也非在所有情况下都是适用的和必须的。

飞机

7.3.3 需要的支持性文件列举：

- 飞机供应商/经营者
- 飞机类型和呼号
- 小时费率（包含政府飞机的费率）
- 记录飞行小时和机组人数的日志
- 起降费和机组人员费用的收据
- 乘客姓名及关系
- 观测区域、飞行路径、天气和能见度
- 区域观测报告、图表、照片以及剪辑的视频

船舶和溢油应急设备

7.3.4 需要的支持性文件列举：

- 船舶供应商/经营者
- 技术参数：船名、总长、功率（kW）
- 日费率（包含政府公务船费率）
- 正常船上人员配备
- 燃油和润滑油消耗及收据（如果这笔费用没有包含在船舶日费率中）
- 港口费及收据
- 乘客姓名及关系
- 记载行动区域、行动内容和工作时间的航海日志
- 每艘船配备溢油应急设备的清单，每种设备的日费率（如果这笔费用没有包含在日费率中），记载每种设备使用期间的记录、照片和剪辑的视频
- 估算的每天回收油污数量
- 每次（向母船或岸边）卸下的油污数量的记录
- 设备损坏的记录，包括怎样损坏以及照片
- 每艘船消耗的物资，比如消油剂

应急组织

7.3.5 需要的支持性文件列举：

- 组织的结构、角色、职责
- 不同角色和职责下的人员（包括政府公务员）费率、工作时间表、费用支付表以及产生的交通、食宿费用证明
- 照片、剪辑的视频以及标注受溢油影响区域的海图、清污工作过程的记录
- 天气状况和油污运动预测等记录
- 应急过程中每个环节的通信记录
- 重要事件的日志
- 重要会议的会议纪要、其他事情的记录、采取的步骤、应急决策的合理性依据材料，包括行动结束的决定
- 每日回顾进展情况的会议纪要

保护敏感资源

7.3.6 需要的支持性文件列举：

- 敏感资源分布地图以及相应的保护措施
- 对敏感资源的描述
- 采取的保护措施描述，例如围油栏、吸油围栏、临时的物理屏障、潮汐规律、使用的长度、使用的物资以及费用
- 如果使用了围油栏，其制造商、型号、展开的长度、系固设备、日费率、使用时间以及供应商
- 照片

岸线清污

7.3.7 需要的支持性文件列举：

- 岸线污染范围的地图或海图
- 岸线清污评估技术小组的报告或污染等级详情，推荐的清污技术，每个工作地点或部分岸线的终点，照片、剪辑视频
- 工作地点每日工作报告(岸上指挥)，记录工作的报告，比如工作时间、清污区域和回收油污数量
- 每个工作地点每天使用的设备的清单、费率和供应商
- 事故或损害报告
- 每个工作地点每日消耗物资的清单，并注明供应商
- 合同费率表
- 工作人员的费率和工作时间表（包括公务员费率的计算）
- 工资单

废弃物处置

7.3.8 需要的支持性文件列举：

- 废弃物来源（船舶名称或受污染海滩岸线点的名称）
- 临时仓储费用、工作地点的位置、污染物转移记录、出入库材料
- 废弃物处置方式以及每种方式处置的污染物数量
- 废弃物处置单位名称及其地址
- 每种处置方式的费率
- 地磅凭证
- 废弃物运输许可证明或相同性质证明单据
- 运输费用：使用的车辆、运输距离、每公里费率
- 发票或收据
- 照片

野生动物清理和康复

7.3.9 需要的支持性文件列举：

- 参与的组织名称
- 人员姓名、职位、职责、资格证书、工作时间和作为其他溢油应急人员被支付的费用
- 救治的每一物种数量
- 照片和剪辑视频
- 需要清理和康复的时间
- 成功放回自然的野生动物数量
- 与其他溢油应急费用相同的费用详单，如人员、设备、物资、运输以及处置
- 收到的捐助金额

其他来源赔款

7.3.10 您必须在索赔时告知您收到的任何从其他方或保险公司处得到的用于帮助清污作业的款项、援助或赔偿，1992 基金在计算赔偿款金额的时候会把这些款项考虑在内。

7.3.11 请注意，所提交的文件或陈述中如有任何不准确的地方，将会延迟索赔工作的进展或导致索赔失败。因此，建议您确保索赔金额是真实的，准确反映您实际发生的费用，包括您所收到的资金援助方面的信息。

欺诈

7.3.12 1992 基金严肃对待提交欺诈证明文件的行为，如其获悉此类文件被提交并用于支持您的索赔申请，而且情况属实，1992 基金保留其通知相关国家主管机关的权利。

7.4 如果记录不全或证据缺失该怎么办?

7.4.1 大部分基金缔约国严格监控公共经费，定期保存记录以便核实经费使用情况，向 1992 基金提出的索赔同样如此。然而，可能有时全部或部分的应急行动没有留下记录或可供索赔的证明信息有限。这可能是因为缔约国没有保存详细记录的规定，或因为在最初的应急行动时没有意识到日后会需要索赔。另一种可能是从事故发生到提出索赔的时间非常长，其间记录可能丢失，当时参与的人员可能无法对索赔金额作出合理解释。

7.4.2 即使您缺少支持性信息或材料，您仍可以通过提供尽量多的资料来索赔。详细独立的证据，比如媒体报道、污染范围和应急效果的说明、清污工作的照片以及合理费率申请表，都可以为大概费用的计算提供充足的佐证。然而，要想获得赔偿款仍必须满足 4.1 列出的对索赔的要求。

7.4.3 您在整理索赔支持性材料时遇到的任何困难都应当与船舶保险人 /1992 基金的代表商讨，他们可以提供进一步的建议或帮助。您要尽力收集支撑索赔的各种证据材料，不要提供伪造的记录，一经查明您可能会被拒绝赔偿。提供虚假材料来支持您的索赔是欺诈行为，依据您的国内法律您可能会被起诉。

第八节 如何评估和支付赔偿?

8.1 索赔评估应遵照3个原则:

（1）采取的行动是否合理?

（2）这些措施所产生的费用是否合理?以及

（3）索赔金额计算是否正确?

1992基金判断索赔及费用合理性的方法已在本指南第四、五节提及。需要再次强调的是，虽然1992基金依靠专家对索赔作出评估，但是考虑到每起案件的各自特定情况，基金作出的评估也是因个案不同而存在差异的。

8.2 提出索赔的方式通常因事故发生的具体情况以及在当时的形势下采取的措施不同而不同。此外，主管机关获取和记录费用的方法不同也导致索赔金额的计算方法不尽相同。因此，为了对索赔进行详细评估，1992基金及其专家在初步看过索赔材料后，通常会提出进一步的询问或者需要索赔人对索赔材料作出更详细的解释。通常船舶保险人/1992基金会与索赔人进行一系列反复的沟通交流，直到完全了解索赔费用的构成和计算方式。在很多案件中，正是基于上述的沟通交流，当事双方就赔偿金额通常会达成和解协议。

8.3 1992基金鼓励缔约国、应急机构和专业清污公司在可能发生溢油事故的情况下，与基金就清污作业的费率进行提前协商。尽管这种协议并不能保证溢油应急行动中实际产生的所有费用都会被认定为是合理的，但是却可以避免在评估索赔时对费率开展细节性的讨论。

8.4 在一些案例中，虽然船舶保险人/1992基金会要求您须提供更多的材料，但考虑到您当时存在的经济困难，会基于现有材料作出一个临时评估。但要提醒您的是，如果日后您提供了更多材料支撑自己的索赔，船舶保险人/1992基金就要对所有材料重新评估。为了确保依据临时评估所支付的费用不会超出将来总的赔偿金额，支付的这部分费用都会比完整评估出的费用少。一旦对这项索赔完成所有评估，所有临时评估所支付的费用会在最终费用中予以扣除。

8.5 如果您作为协议清污单位，因参与重大事故清污时间较长导致现金流困难，可以先提交一个或一系列临时索赔。当然，在应急行动结束后的最终索赔评估中要考虑已经临时支付的费用。

8.6 如果船舶保险人/1992基金对您的索赔完成评估，会告知您根据现有的所有相关证据材料您所主张的赔偿金额有多少是被认可的，评估结果会以书面形式交予您或者您事先授权过的代理人。

8.7 通常，这一结果即是“全部及最终”的解决方案，意味着索赔人进一步就当前受损期间遭受的损失再提出的索赔不会被接受，而且您会被要求就此签订协议，对文书的效力予以认可。如果您认为您在当前的受损期间的索赔结束之后仍有损失发生，也可继续索赔，但会被作为另一起独立的索赔案件进行处理。

8.8 请注意船舶保险人 /1992 基金可能要处理上百甚至上千个索赔申请。虽然基金会尽快评估您的索赔，但可能需要时间收集整理以及反复核对评估所需要的相关信息，尤其是在您提交的支持索赔的材料极少的情况下。

8.9 如果您对船舶保险人 /1992 基金确定的赔偿金额不满意，您应当直接联系船舶保险人 /1992 基金（如果当地有索赔办事处，也可通过索赔办事处进行联系），说明您认为赔偿金额不充分的原因。如果您有新的证据支持您的索赔，还应当提交新的证据。船舶保险人 /1992 基金根据新提供的信息，会重新审核并提出新的赔偿金额，或者作出坚持初始赔偿金额的决定。在此期间，1992 基金会联系您以便进一步商讨索赔细节。无论如何，最终的结果都会以书面形式作出说明。

8.10 如果您仍不同意基金赔偿的金额，那么您有权就索赔评估金额的纠纷在您的国家通过国内法院提起诉讼。在国内法院可向船舶所有人、船舶保险人以及 1992 基金提起法律诉讼。如果在损害发生后 3 年内还没能与 1992 基金达成赔偿协议，1992 基金强烈建议您向法院提起诉讼。事情进展到这一步，您可能需要相关法律建议。如果您在 3 年内没有采取任何行动，则可能面临因索赔诉讼时效过期而丧失获得赔偿权利的风险。

第九节 联系国际油污赔偿基金

9.1 发生重大溢油事故后，1992 基金会在当地设立索赔办事处，该办事处的联系信息会在当地媒体和国际油污赔偿基金网站（www.iopcfunds.org）上公布。

9.2 1992 基金秘书处的联系方式如下：

国际油污赔偿基金

英国

伦敦 SE1 7SR

艾伯特路堤 4 号

电话：+44(0)20 7592 7100

传真：+44(0)20 7592 7111

电子邮箱：info@iopcfunds.org

网址：www.iopcfunds.org

9.3 一旦提交索赔，您将会得到一个索赔编号。该编号是将您与索赔事项相关联的唯一标志，应当在所有相关通信中注明。如果您需要就索赔事项联系当地索赔办事处或 1992 基金秘书处，须提供索赔编号或其他信息以确认身份。

9.4 1992 基金《索赔手册》和其他有用文件可在国际油污赔偿基金的网站（www.iopcfunds.org）出版物栏目获取。

附录

以下示例（图 1）是一起小型船舶油污事故中涉及缔约国应急机构和 3 家协议清污单位的说明性电子表格摘要页。相关证明文件夹指向应急反应的不同方面，例如：AT1 指空中监视；AT2 指海上应急反应；AT3 指岸线清理；AT4 指运输和处理含油废物。通过简化了的详细分类表形式，反映清污单位 OSRO 清污有限公司从事海上石油回收工作的费用模板（详见表 1）、支持性文件模板（详见表 2）。

在受影响海岸线的沙滩、岩石海湾和鹅卵石岸滩 3 个不同工作地点的清污费用都是通过简化的和具有解说性的电子表格显示出来的，这 3 个地点的清污技术要求各不相同。清污单位支出的全部费用来源于每个工作点的数据，并且这些数据和以下摘要页图表相链接。

“ATANKER”： 6 月份在某缔约国境内左舷搁浅

	索赔金额（英镑）	相关证明文件夹
1. 缔约国应急机构（空中）	46 355	AT1.1
2. 缔约国应急机构（海上）	260 889	AT2.1
3.OSRO 清污有限公司	75 660	AT2.2
4. 缔约国（海岸清污）	115 789	AT3.1
5. 海洋污染应急有限公司	455 608	AT3.2
6. 废弃物处置服务有限公司	247 248	AT4.1

总计：1 201 549

图 1　摘要页表格示例

表 1　OSRO 清污有限公司具体的电子表格例表

	单价（英镑）	6月12日	6月13日	6月14日	6月15日 周六	6月16日 周日	数量	单位	费率	索赔额（英镑）	证明
1.人员费											
指挥人员	850	1	1	1	1	1	5	工日	100%	4 250	AT2.21
监管人员	350	3	3	3			9	工日	100%	3 150	AT2.22
	350				3	2	5	工日	150%	2 625	
技术人员	200	5	5	5			15	工日	100%	3 000	AT2.23
	200				5	3	8	工日	150%	2 400	
工人	150	15	15	15			45	工日	100%	6 750	AT2.24
	150				12	9	21	工日	150%	4 725	
工作餐	12						108	工日	100%	1 296	AT2.25
								人员费总计		*28 196*	
2.设备											
船1	1 500	1	1	1	1	1	5	日	100%	7 500	AT2.26
船2	1 200	1	1	1	1		4	日	100%	4 800	AT2.27
船3	1 200	1	1	1			3	日	100%	3 600	AT2.28
5t卡车	250	1	1	1	1	1	5	日	100%	1 250	AT2.29
小汽车	55	3	3	3	3	2	14	日	100%	770	AT2.210
吸附拖栏	25	12		12			24	m	100%	600	AT2.211
围油栏	8.5	250	250	250	250		1 000	工日	100%	8 500	AT2.212
吸油毡	7.5	10		10		10	30	kg	100%	225	AT2.213
盘式收油机	120						0	使用日	100%	–	AT2.214
	120	1	1	1	1	1	5	待命日	50%	300	
桶式收油机	150	1	1	1	1		4	使用日	100%	600	AT2.215
	150					1	1	待命日	50%	75	
动力装置	160	1	1	1	1		4	使用日	100%	640	AT2.216
	160	1	1	1	1	2	6	待命日	50%	480	
泵	50						0	使用日	100%	–	
	50	1	1	1	1	1	5	待命日	50%	125	AT2.217
棉手套	0.5	24	24	24	9	6	87	每日	100%	44	AT2.218
救生衣	24	24					24	每日	100%	576	AT2.219
聚乙烯防护服	4.5	24	24	24	9	6	87	每日	100%	392	AT2.220
工作靴	15	24					24	每日	100%	360	AT2.221
								设备费用总计:		*30 836**	
3.其他费用											
废弃物处置	150						65	吨	100%	9 750	AT2.222
								其他费用总计:		*9 750*	
								上述费用 总计		***68 782****	
4.管理费用									10%	6 878	
								索赔费用总计:		**75 660***	

表 2　支持性证据例表

AT2.21	姓名；在溢油应急反应中的作用；工作表；每日工作报告；支付建议
AT2.22	姓名；在溢油应急反应中的作用；分配在船1、船2还是船3上；工作表；每日工作报告；工资单
AT2.23	姓名；在溢油应急反应中的作用；分配在船1、船2还是船3上；时间表；工资单
AT2.24	姓名；在溢油应急反应中的作用；分配在船1、船2还是船3上；时间表；工资单
AT2.25	供应方；收据或发票
AT2.26	工作说明：船名、类型、长度、马力、一般配员要求、燃油及润滑油消耗情况、燃油柜每天的液位。包含工作区域、工作内容、工作时间、收集的油和水数量、回收油存储柜每天的液位等具体信息的航海日志
AT2.27	如上所述的工作说明和航海日志
AT2.28	如上所述的工作说明和航海日志
AT2.29	车辆的制造商和类型、登记号码、驾驶人员姓名
AT2.210	车辆的制造商和类型、登记号码、驾驶人员姓名
AT2.211	制造商和下述说明：尺寸、单位长度和深度、材质、收据或发票
AT2.212	制造商和下述说明：尺寸、单位长度和深度、材质、收据或发票
AT2.213	制造商和下述说明：尺寸、重量、材质、收据或发票
AT2.214	制造商和型号—额定功率
AT2.215	制造商和型号—额定功率
AT2.216	制造商和型号—额定功率
AT2.217	制造商和型号—额定功率
AT2.218	供应商；收据或发票
AT2.219	供应商；收据或发票
AT2.220	供应商；收据或发票
AT2.221	供应商；收据或发票
AT2.222	处置方法、处置合同方、地磅凭证，收据或发票

编辑注：* 与英文版保持一致。

36~37 页上的电子表格，是对虚构的从事海岸线清理工作的海洋污染应急有限公司的摘要页表格第 5 项目费用的具体扩展说明。电子数据表显示出了对索赔如何格式化的简要说明，但还应附带一段能包含 7.3.5 所述支持性文件的简短叙述。第一张电子表格显示了清污单位在 3 个工作地点所产生的全部费用的总成本。沙滩、岩石海湾和鹅卵石岸滩这 3 个工作地点的具体费用分别见电子表格 5.1、5.2 及 5.3，而表 5 则增加了 3 个地点的整体管理成本。

如前所述，表格中所显示的各项费用费率仅供说明之用，不应作为合理费用的代表，也不应将叙述中所述的方法视为根据事故情况所采取的可被接受的合理措施。

示例叙述

5. 海洋污染应急（MPR）有限公司

6 月 12 日凌晨，在恶劣天气下油轮“ATANKER”在某港口西北部 3 英里处搁浅。该船运有中型燃料油货物（IFO 180），据报道其中一个油舱损失了约 500t 燃料油。石油迅速向海岸扩散，并在当天晚上扩散至当地约 3km 沙质海岸线的沙滩上。6 月 12—13 日，部分油污沿着海岸扩散到相邻的岩石海湾和鹅卵石岸滩。

海洋污染应急有限公司在 6 月 12 日中午得到通知，当时刚刚确定溢油将上岸，与缔约国应急机构签署合同提供海岸清污资源。最初的清污重点是海滩，但到了周末时该海洋污染应急有限公司还额外承担了在岩石海湾和鹅卵石岸滩的清污工作。

沙滩

海洋污染应急有限公司雇用的工人从一开始的 45 名增加到随后几天的 60 名，到了周末又增加到 100 名。这些人力用来将上岸的油污收集至塑料袋中，合并后再放进大麻袋中以运离海滩。漂浮在水边的油被泵入便携式储油罐。散装油倒入带有水泵的收集点，以便用隔膜泵转移到便携式储油罐中。在便携式储油罐中分离出来的油装入 10 t 的油罐车以运输到处理点。

在接下来的一周，用工人数进一步增加，在 6 月 20 日星期四和 21 日星期五达到了每天总计 120 人，但是在第二个周末人数开始降下来。在 6 月 24 日缔约国应急机构对清污工作进行检查之后，接下来的 2 天进行了收尾清理，同时遣散工作也同步完成。

岩石海湾

6 月 15 日星期六上午，海洋污染应急有限公司被动员到岩石海湾清污，他们使用高压清洗设备去除岩石上的石油，工人使用吸油毡来收集溢油。

鹅卵石岸滩

一台挖掘机被用来将鹅卵石运送到水边，以便进行冲浪式冲洗。在海岸的边缘放置了吸油拖栏，以便吸附沿岸漂动的浮油，小部分工人用吸油毡来收集浮油。

附件：

- 海洋污染应急有限公司向缔约国应急机构提供的发票（海岸）
- 海洋污染应急有限公司管理方的每日总结报告
- 海滩主人的每日报告
- 海洋污染应急有限公司的价目表
- 沙滩、岩石海湾和鹅卵石岸滩的工作时间表
- 5 t 卡车工作日志
- 10 t 油罐车工作日志
- 第三方供应商提供的发票

5. 海洋污染应急反应公司（这家清污单位的全部费用电子表格例表）

	单价（英镑）	6月12日	6月13日	6月14日	6月15日	6月16日	6月17日	6月18日	6月19日	6月20日	6月21日	6月22日	6月23日	6月24日	6月25日	6月26日	数量	单位	费率	索赔额（英镑）
1. 人员费																				
管理人员	750	1	1	1	1	1	1	1	1	1	1	1	1	1	1	1	15	工日	100%	11 250
物料卸岸管理员	350		1	1			3	3	3	3	3			3	2	2	24	工日	100%	8 400
	350				3	3						3	3				12	工日	150%	6 300
监督人员	200		3	5			10	10	12	15	15			6	5	3	84	工日	100%	16 800
	200				9	10						10	5				34	工日	150%	10 200
工人	120		45	60			150	160	160	200	200			105	60	40	1 180	工日	100%	141 600
	120				100	150						140	60				450	工日	150%	81 000
工作餐	8.5																1 799	工日	100%	15 292
																		人员费总计：		*290 842*
2. 设备																				
装载机	200				3	3	6	6	6	6	6	6	6	3	3	2	50	日	100%	10 000
挖掘机	300				1	1	1	1	1	1	1	1	1	1	1		10	日	100%	3 000
拖拉机挂车	175						3	6	6	6	6	6	3	4	2	2	44	日	100%	7 700
5t卡车	250		1	1	1	1	4	4	4	4	4	4	2	3	2	1	36	日	100%	9 000
10t卡车	400						2	2	2	2	2	2		1			13	日	100%	5 200
小汽车	55	1	2	2	5	5	5	5	5	5	5	5	5	4	4	3	61	日	100%	3 355
面包车	95		3	4	7	10	10	11	11	11	13	13	9	5	7	5	111	日	100%	10 545
高温清洗设备	50				5	6	8	8	8	9	9	8	4	8	4		77	使用	100%	3 850
	50					2						1	5	1	5		14	待命	50%	350
水泵	35				3	3	3	3	3	3	3	3	3	3			30	日	100%	1 050
隔离泵	50		1	3	3	3	3	3	3								19	使用	100%	950
泵	50					1				3	3	3	3	3			15	待命	50%	375
便携式储罐	75		1	3	3	3		3	3	3	3	3	3	3	3	3	40	日	100%	3 000
																		设备费用总计：		*58 375*
3. 材料																				
吸附拖栏	25					108					56			12			176	m	100%	4400
吸油毡	7.5		50		100	100	250	200	200	550	500	300	200	100	10		2 560	kg	100%	19 200
麻袋	15					50	60	60	60	50	50	50					380	每包	100%	5 700
塑料袋	4			100	105	105	205	205	205	215	223	313	313	158			2 145	10包	100%	8 580
手套	2		49	66	112	163	163	173	175	218	218	153	68	114	67		1 739	每副	100%	3 478
棉手套	0.5		49	66	112	163	163	173	175	218	218	153	68	114	67		1 739	每副	100%	870
聚乙烯防护服	4.5		49	66	112	163	163	173	175	218	218	153	68	114	67		1 739	套	100%	7 826
雨衣	12							173	175	218	218	153	68				1 005	每套	100%	12 060
工作靴	6.5		49	17	46	51		35	36	206							440	每靴	100%	2 860
																		材料费用总计：		*64 973**
																		上述费用总计		***414 190****
4. 总费用																		10%		41 419
																		索赔费用总计：		**455 608***

5.1 海洋污染应急反应公司（清污单位 3 个工作地点之一的全部费用的电子表格例表）

工作地点 1　沙滩

	单价（英镑）	6月12日	6月13日	6月14日	6月15日	6月16日	6月17日	6月18日	6月19日	6月20日	6月21日	6月22日	6月23日	6月24日	6月25日	6月26日	数量	单位	费率	索赔额（英镑）
1. 人员费																				
物料卸岸管理员	350		1	1			1	1	1	1	1			1	1	1	10	工日	100%	3 500
	350				1	1						1	1				4	工日	150%	2 100
监督人员	200		3	5			7	7	9	10	10			3	3	3	60	工日	100%	12 000
	200				7	7						7	3				24	工日	150%	7 200
工人	120		45	60			100	100	110	120	120			60	40	40	795	工日	100%	95 400
	120				75	100						90	40				305	工日	150%	54 900
工作餐	8.5																1 198	工日	100%	10 183
																		人员费总计：		*185 283*
2. 设备																				
装载机	200				3	3	6	6	6	6	6	6	3	3	2		50	日	100%	10 000
挖掘机	175						3	6	6	6	6	6	3	4	2	2	44	日	100%	7 700
5t卡车	250		1	1	1	1	4	4	4	4	4	4	2	3	2	1	36	日	100%	9 000
10t卡车	400						2	2	2	2	2	2		1			13	日	100%	5 200
小汽车	55		2	2	2	2	2	2	2	2	2	2	2	2	2	2	28	m	100%	1 540
面包车	95		3	4	5	6	6	6	7	7	7	5	3	4	3	3	69	日	100%	6 555
水泵	35				3	3	3	3	3	3	3	3	3	3			30	日	100%	1 050
隔膜泵	50		1	3	3	3	3	3	3								19	使用	100%	950
泵	50									3	3	3	3	3			15	待命	50%	375
便携式储罐	75		1	3	3	3	3	3	3	3	3	3	3	3	3	3	40	日	100%	3 000
																		设备费用总计：		*45 370*
3. 材料																				
吸油毡	7.5		50				50		50						10		160	kg	100%	1 200
麻袋	15					50	60	60	50	50	50						380	每包	100%	5 700
塑料袋	4			100	100	83	200	200	200	200	300	300	150				2 050	10包	100%	8 200
手套	2		49	66	83	108	108	108	120	131	131	98	44	64	44		1 154	每副	100%	2 308
棉手套	0.5		49	66	83	108	108	108	120	131	131	98	44	64	44		1 154	每副	100%	577
聚乙烯防护服	4.5		49	66	83	108	108	108	120	131	131	98	44	64	44		1 154	套	100%	5 193
雨衣	12							108	120	131	131	98	44				632	每防水衣物	100%	7 584
工作靴	6.5		49	17	17	25		25	12	131							276	每靴	100%	1 794
																		材料费用总计：		*32 556*
																		上述费用总计：		**263 209**

编辑注：* 与英文版保持一致。

国际油污赔偿基金

旅游业索赔指南

2018 年版

2013 年 10 月经 1992 基金管理委员会代表基金大会通过。

目 录

前 言

1992 年国际油污赔偿基金（1992 基金）在其发行的《索赔手册》中，提供了针对油轮所造成油污损害的综合性实用索赔指南。本指南旨在进一步帮助从事旅游业的索赔人更好地理解：是否能够提出索赔、何时提出索赔以及如何提出索赔。其他领域的索赔人可以查询《索赔手册》或国际油污赔偿基金网站“出版物”栏目获取具体领域的索赔指南。

这些指南列出了油污事故发生后索赔人应怎么保护自己的权益以及索赔需要提供哪些信息。

请注意，遵从这些指南并不能保证所有索赔都能成功获得赔偿，也并不意味着溢油事故所在区域的所有业务都会受到影响。本指南不对法律问题进行详细阐述，亦不能将其视为对相关国际公约的权威解释。

第一节 国际油污赔偿基金简介

什么是国际油污赔偿基金？

1.1 国际油污赔偿基金是为油轮溢出持久性油类导致的油污损害提供赔偿的两个政府间组织（1992 基金和补充基金），起源于 1971 基金，但 1971 基金不再赔偿 2002 年 5 月之后发生的事故损失。

1.2 现行基金为 1992 年国际油污赔偿基金（本指南简称 1992 基金），由加入《1992 年国际油污损害民事责任公约》（《1992 年民事责任公约》）和《1992 年设立国际油污损害赔偿基金国际公约》(《1992 年基金公约》)这两部公约的国家组成。赔偿范围包括由于油轮溢出持久性油类（不含汽油和其他轻质油）造成污染所导致的个人、公司或组织的损失。对于《补充基金议定书》的缔约国，补充基金还为其境内的油污受害者提供第三层次的赔偿。这些不同公约的具体运作机制相当复杂。更多公约相关信息可查阅 1992 基金《索赔手册》和国际油污赔偿基金官网。

1992 基金能做什么？

1.3 1992 基金旨在赔偿油轮污染事故造成的损害，使索赔者恢复到没有发生溢油事故的情况下应有的经济水平。理想情况下，赔偿金额应与损失金额持平。

赔偿款项怎样筹集？

1.4 油轮所有人通常会向保赔协会投保。保赔协会为从事国际贸易的大部分油轮提供保险服务。少数仅从事国内运输的油轮则投保商业保险。油轮所有人通常通过投保这类保险承担一定金额的油污损害赔偿责任。这也是溢油事故发生后最先用于赔付的钱款。

1.5 如果油轮所有人的保险赔款不足以支付油污事故导致的所有费用，1992 基金将提供赔偿。1992 基金的赔偿款主要由缔约国境内的石油公司根据其所接收的、经海上运输的油类总量分摊。1992 基金缔约国境内，所有年度海运油类接收量超过 15 万 t 的公司必须向 1992 基金缴纳摊款。

1992 基金何时发挥作用？

1.6 溢油油轮的所有人通常通过其保险人或保赔协会赔付因溢油导致的损失。但两部 1992 年公约中任一公约同时也允许油轮所有人(根据其油轮吨位)限制最高赔偿金额。一旦油轮所有人支付的赔偿款达到其赔偿限额，1992 基金则有责任支付超过限额的部分。通常，油轮所有人的保险足以支付所有费用，无须 1992 基金介入。但在重大溢油事故中，甚至可能连 1992 基金的赔偿限额都不足以支付所有有效索赔。尽管这种情况很少发生，但一旦发生，除非油污损害发生在补充基金缔约国境内，否则每一位应获偿的索赔人只能依其被认可的索赔金额，在 1992 基金的赔偿限额内按比例受偿。

1.7 如果污染事故是由自然灾害或完全由于他人（非油轮所有人）的主观故意或因主管机关负责维护的灯塔 / 灯浮或助航设施故障引起的，则油轮所有人不承担赔偿责任，1992 基金将直接进行赔付。此外，如果无法查明油轮所有人或油轮所有人无力承担赔偿责任，1992 基金也会介入并支付赔偿。

1.8 1992 基金不赔付因战争、敌对行为或是军舰溢油引起的污染事故。如果无法证明是油轮溢出的持久性油类导致损害，1992 基金也不予赔偿。1992 基金同样不赔偿发生在公海或缔约国领海、专属经济区以外的旅游业损害。

1.9 无论是油轮保险人还是由 1992 基金进行赔偿，索赔程序与适用的评估标准是一致的。1992 基金与保险人通常紧密合作，处理较大的溢油事故时尤其如此。双方会指定专家来监控、跟踪并记录清污作业的影响和清污过程。专家还会调查审核索赔的技术性细节，并协助对损失进行独立评估。尽管 1992 基金和保险人依靠专家协助评估索赔，但是否批准某项索赔以及赔偿的具体金额仍由保险人和 1992 基金决定。

为何会对旅游业务进行赔偿？

1.10 滨海旅游业主要收入来源于在当地游玩的游客。1992 基金认可旅游业主要营业收入来源于在当地逗留游玩数日的游客，餐馆、酒吧及旅游景点的主要营业收入来源于光顾的一日游访客。

1.11 1992 基金认可游客可能会因为旅游目的地遭受油污污染而推迟旅游计划。但是，因某区域、海岸以及沙滩受污染导致游客和一日游访客量减少而遭受的营业损失，有别于其他人员（如本地及与其业务有关的客户）人数下降导致的交易损失。因此，在提交索赔申请时，索赔人有必要最大程度地区分与滨海 / 海滩 / 海鲜有关的游客，以及对其业务有需求的其他访客。

1.12 如果索赔人确定因油污导致的旅游相关业务收入减少而蒙受了损失，就可以提出索赔。

第二节 谁可以提出索赔?

2.1 1992 基金缔约国内任何因油轮造成的油污遭受损失的人,都可就这些损失索赔。但本指南仅考虑旅游相关行业(包括住宿、餐饮、零售及景点相关企业和组织)的索赔。

2.2 只有紧邻污染地区且直接向游客和/或休闲访客提供商品或服务的企业,才有资格获得赔偿。上述滨海旅游企业包括为游客在海滩游玩、沿海滩步行、开展水上运动和休闲钓鱼活动直接提供服务的企业,或为游客提供新鲜海鲜的餐馆。向旅游相关企业而非直接向游客提供商品或服务的企业,通常会因对旅游活动的依赖程度不足,而失去获得赔偿的资格。

2.3 要想索赔被受理,提出索赔的人(索赔人)必须证明其因油污遭受了经济损失,且该损失与油污污染有直接因果关系。

2.4 索赔应由企业的所有人或者负责人提出。在任何情况下,提出索赔的人员都必须证明其有权索赔。如果政府要求索赔人持有执照或许可,则索赔人须证明在事故发生时其企业持有该执照或许可。

2.5 一般而言,经营地点越靠近受污染地区,或者被受油污污染的自然资源吸引而来的游客越多,则其索赔被接受的可能性也越大。然而,1992 基金在确定索赔有效性时会考虑诸多因素。下表中列出了其中部分因素。

评估考虑的因素	提交索赔前应自问的问题
营业地点是否位于直接遭受油污污染的区域?	
每起事故污染的范围和程度不尽相同，取决于多种不同因素。不会仅因为发生了污染事故便接受索赔。但如果索赔人业务位于或邻近受污染的滨海地区，并因油污污染遭受了损失，则其索赔申请或可被接受。	• 您所经营的业务是餐饮、住宿还是其他类型的旅游业务? • 您的营业地是否位于已知的直接受到溢油影响的区域? • 您所面向的游客是否通常在营业地海滩游玩或进行其他相关娱乐活动，而这些活动是否直接受到了油污污染的影响?
业务对于该受污染地区或者资源的依赖性有多大?	
酒店和餐馆通常面向若干不同市场。有些顾客来此也许是为了享受附近的自然资源，但也有些顾客来此是为了完全不同的目的。	• 污染是否导致您的业务完全关闭了一段时间? • 您是否只是一部分产业，比如海滩旅游业，受到了污染影响?
是否容易找到其他商业机会，来弥补污染引起的任何损失?	
溢油事故本身也可能会带来其他收入，例如记者和清污人员等与污染事故有关的人员入住获得的收入。溢油事故或许会产生其他行业的生意机会，比如会议组织方或其他商务活动对客房的额外需求。海鲜餐馆也许能找到其他海鲜货源。	• 您是否曾尝试减轻损失? • 您是否为吸引其他行业的业务产生了额外的营销费，或者为获取其他未受污染的货源额外支付了费用?
旅游业是否在受油污影响区域的经济中占据重要地位?	
旅游业属于服务业，在很多情况下，会以直接和间接的方式带动其他产业，如购买鱼、肉和蔬菜等食材，吸引游客在当地其他行业消费。如果旅游业能吸引游客并为其提供服务，则可能被认定为在当地经济中占据重要地位。	• 您是否雇用当地人? • 您是否向位于该地区的其他企业采购产品? • 您的大部分利润是否由当地的经营活动产生?

2.6　全部或部分收入依赖于游客或者休闲访客的企业或组织有权就其经济损失提出索赔，但必须证明其毛利受到了油污污染的负面影响。须证明对您提供的服务的全部或者大部分需求来自于游客或者休闲访客。企业雇员无权索赔。

2.7　污染直接导致的毛利损失（即收入减去直接运营成本）可以获得赔偿。如果您通过其他组织为游客或休闲访客提供服务，那么您就不能获得赔偿。污染与经济损失之间应有足够紧密的因果关系，因果关系评估因素参考 2.5 所列项目。

2.8　根据经验，油污事故影响持续时间有限。基金认为，关键员工的流失可能不利于您在污染事故结束后恢复正常营运。因此，如果您雇用员工为企业工作，基金不会期望您减少固定的全职员工的数量。但如果您选择中止雇用合同，那么评估损失时会考虑因此而节省的开销。

2.9　如果您在旅游相关行业（如餐饮业）工作，您的雇主通常会就经济损失提出索赔，并继续向您支付薪水。雇用条款由雇用合同规定。因此，在评估雇主索赔申请时，会考虑员工工资费用，您对工资的单独索赔不予受理。

案例

某滨海地区的洗衣店可能认为其为游客提供服务。然而，该洗衣店大部分生意可能来自于酒店和餐厅等服务于旅游业的企业，而不是直接来自于游客。在这种情况下，污染与洗衣店之间的所有联系都取决于服务提供者（酒店和餐厅），因此洗衣店被认定不具备索赔资格。

第三节 发生油污事故时应该做什么?

3.1 首先，不要恐慌。溢油污染往往看上去非常可怕，但是海滩上的大片油污一般很快就能被清除掉，通常几周或者几个月内一切都会恢复正常。而且游客越是当地化，事故影响化解得越快，因为恢复效果很明显。虽然赔付前需要对所有索赔进行全面评估，因此索赔人或许不能很快获得赔款，但1992 基金已经通过大量实践，在这方面积累了丰富经验。

3.2 您要为自己的业务负责。不管经营的是旅馆、餐厅、咖啡馆、商店、水上运动项目还是旅游景区，您都应尽力减少损失。重要的是不要采取可能会有损于以后业务开展或者妨碍业务恢复的措施。应尽可能维持运营。应挽留关键员工，避免采取任何可能会导致潜在游客选择其他企业的做法。除非确实不可能继续经营，否则如果您决定停止营业，那么可能很难从1992 基金处获得全额赔偿。例如，如果您经营一家专门出售当地受污染地区产出的鱼类的餐厅，并且没有其他替代市场或者通往您餐厅的唯一公路被封闭了，若您决定停止营业，则须证明您在尽力恢复营业，如继续提供预订服务。

3.3 您必须准确记录污染导致的所有额外费用或损失，包括物资清洗费、生意减少导致的库存易腐物的损失以及更换遭受油污污染的物品而产生的费用或损失。

3.4 污染事故可能会带来额外的商业机会，只要可行就应抓住这些机会，或许能进入您以往没有涉及的市场。然而，任何额外的营销费用仅在其产生的额外收入能抵消索赔的情况下才可以被接受。换句话说，如果营销活动不可能在溢油事故发生后紧接的一段时间内带来收入从而抵消损失，那么该营销活动费用的索赔是不被接受的。

3.5 您或许会考虑向老客户再营销或是开展其他推广活动以吸引新游客。1992 基金建议企业在可行的情况下，与旅游委员会和当地政府旅游部门办公室等当地公共营销机构合作，避免重复工作。然而，如果某企业有邮件目录或其他直接宣传途径，基金也会考虑对任何目标明确的宣传活动进行赔偿，因为在受污染影响期间，此类活动的效果可能会打折扣。但建新网站、编制新宣传册及其他更长期的宣传的费用不能获得赔偿。

3.6 如果您认为自己可能因油污污染而遭受损失，建议您联系船舶保险人/1992 基金。船舶保险人 /1992 基金可能会共同指定一位熟悉污染情况和索赔流程的专家拜访您的企业，根据您的实际情况，提供更适合您的建议，帮助您尽量减少损失。

第四节 哪些损失可获得赔偿?

财产损坏

4.1 您可以就溢油污染导致的财产或设备的损坏提出索赔。例如，前述财产或设备可包括您未能在其沾染油污前搬走的海滩家具或水上运动设备，您可以索赔清洗或修复该设备的费用。如果该设备污染或损坏情况过于严重，无法清洗，您可以索赔更换费用（可能需要扣除一些折旧费）。您须尽可能妥善保存需要更换的受损物品，直至船舶保险人/1992基金指派的代表检查完毕。您须妥善保存包括所有新设备或用于清洗受污染物品的所有物资在内的收据或发票。您也能以照片形式记录损坏情况，以帮助解释和说明您的索赔。

间接损失

4.2 间接损失指因财产遭受污染而导致的损失。如果您的船舶或其他生产设备或设施遭受油污污染，您可以索赔设备完成清洗或更换前，因无法使用该财产而产生的损失。然而，您应尽快恢复正常经营状态。基金或许只会赔付其认为合理的您恢复正常经营前的时间段的损失。1992基金只赔付利润损失，计算方法请见后续解释。

纯经济损失

4.3 即使您的业务没有直接受到油污污染的影响，但是您的营业额可能会因为游客和休闲访客改去其他地方而下降。在这种情况下，您可以就未发生污染情况下可能产生的利润提出索赔。您须说明营业额的下降是因游客通常游玩的海岸、海域和海滩遭受了污染，导致了到访游客数量减少。仅收入下降不足以说明您因油污事故遭受了损失。要证明这一点，您须出示证据，证明游客和访客在油污事故发生前曾使用的资源现在受到了污染，以及在可比时间段内，接待游客产生的营业额在营业总额中所占比例。

4.4 旅游休闲产业的营业额各季节不尽相同，可能会因各种原因产生变化，包括接待能力或税费以及额外竞争的变化，交通网络变化、气候变化、自然灾害、国定假日的变更以及经济形势变化等。这些因素导致的需求变化与污染没有关系，索赔评估时会考虑其可能产生的影响。

4.5 您也可以索赔为防止或尽量减少经济损失而产生的费用。这通常包括营销和推广费用以及为获得额外和/或替代收入必须支出的其他直接费用。营销活动通常需要向游客说明其对于溢油影响的担忧不符合事实，或者已经消除了污染影响。您需要在索赔中说明营销活动或其他活动的目的，您还需要证明，在业务受到溢油事故影响期间，营销活动产生的回报有可能高于其费用。您也必须保存一份为此制作的任何宣传品副本以及所有发票。1992基金建议由专业的区域营销机构或旅游办公室进行全区域的减损营销活动，以避免重复工作。然而，基金也认识到，单个企业也能发挥作用，对既往访客开展直接营销的效果更好。

区域性减损营销

4.6 1992 基金建议必要时由适当的机构，例如旅游委员会或者当地政府的旅游主管部门开展整个区域或者景区的减损营销活动。基金认为，在某些情况下这些活动对于使日常营业尽快恢复到溢油前水平至关重要。但是，此类活动费用的索赔要想被认可，必须：

- 开展的活动须有明确的目标，且该目标应为鼓励游客尽快回归。索赔中应明确声明该目标。
- 提议的活动和使用的营销渠道须与目标相关并成合理比例，且目标市场应为已知的成熟的市场。
- 活动费用须合理且与目标相称。活动的有效性应可衡量。
- 须记录所有活动的详细信息并妥善保存促销材料，并在索赔时一并提交。索赔材料中还须说明在油污事故发生前几年所采用的营销活动和费用水平，以显示索赔的项目和费用是在正常营销费用基础上额外增加的。
- 须妥善保存所有发票并在索赔时一并提交。

4.7 任何拟议活动在实施前都可与船舶保险人 /1992 基金指定的联合专家进行讨论，专家们能就基金接受此类活动索赔的可能性提出建议。

聘用顾问

4.8 您可能在索赔时需要帮助。在某些情况下，您可索赔聘用顾问的合理费用。作为对您索赔评估的一部分，1992 基金将审查顾问提供建议或帮助的必要性，顾问工作的执行情况、持续时间、费用以及在索赔审查过程中的价值。

4.9 聘用的顾问应将重点放在说明溢油事故对您的企业产生了什么样的影响，如何导致了经济损失，而不是事故的起因或者是更大范围的经济或环境影响，这些在绝大多数事故中属于政府牵头调研和研究的内容。

第五节 哪些索赔可获得赔偿?

5.1 所有的索赔都必须满足以下要求:

- 只有油轮泄漏的持久性油类物质所造成的污染损害可以获得赔偿。
- 污染与您遭受的经济损失之间必须有直接联系。建立该联系的基础是污染会影响到通常会使用您产品或服务的游客和一日游访客。
- 仅污染导致的财产损坏、间接损失和纯经济损失,以及当地旅游办公室等授权机构继而开展的区域性减损营销活动可以获得赔付。能获得赔偿的损失必须是可以量化的经济损失。请注意计划或预期的利润不可用于证明经济损失。如果您在溢油事故期间开展新业务,您必须使用下一年度的营业信息支持您的索赔。
- 您须提供溢油前可比时间段内的收入/毛利证据,作为任何损失计算的基础。您还须提供用于证明额外费用的发票或其他证据材料,前述材料应注明日期。
- 经济损失或费用必须是实际上已经发生的。不接受将来预期的损失的索赔。
- 您只有从事合法活动且持有所有必要的执照和/或许可时,才能提出索赔。
- 如果您在未受事故影响的其他地区也开展类似业务,您需要证明受事故影响地区的需求未转移至前述其他地区。

5.2 索赔评估有一定的灵活性,取决于索赔人的具体情况。如果您认为自己遭受了损失,但无法提供所有证据来证明损失,我们建议您联系船舶保险人/1992 基金,他们会针对您的情况,提供更适合的建议,帮助您提交索赔。

第六节 何时应提出索赔?

6.1 可获得赔付的损失或损害必须是实际上已经发生的。如果您打算索赔有形损害，如营业场所受到的油污污染，那么您可以立即提出索赔，除非后续可能产生更多损害。如果您索赔收入损失，那么需要一段合理的时间来证明您的营业情况受到了影响，这一时间段为6至8周，最好有更长的时间。设置一段时间的索赔区间是因为任何时间的交易异常都有可能影响面向游客和休闲访客的业务，因此，建立一个明确与污染挂钩的损失趋势需要设置这样的索赔区间。

6.2 多数旅游休闲业务都有淡旺季之分。溢油事故带来的有形影响可能相对较快就过去了，然而由于采取预订模式，以及公众可能对受影响区域持有负面看法，油污事故对游客数量影响的持续时间也许会长于有形污染的时间。对于游客和休闲访客数量的直接影响很少会超过溢油事故后第一个营业旺季。因此，您或许希望营业旺季结束后再提出索赔，以便准确评估污染造成的整体影响。

6.3 受溢油事故严重影响的小型企业可能会产生现金流短缺的问题。在这种情况下，您可以按月或双月提交索赔，直到业务恢复正常。

6.4 无论受损期间有多长，您都必须在损害发生后3年内提出索赔。如果您已经提出索赔，但未能在损害发生3年内与船舶保险人/1992基金达成协议，您必须起诉以保护索赔权利，否则您会丧失获得赔偿的权利。即使可能会在事故发生后一段时间才出现损害，但无论如何都必须在事故发生后6年内采取法律行动（如需更多信息，请参见《索赔手册》2.5）。

第七节 如何提交索赔?

7.1 索赔表格从何处获取及怎样提交?

7.1.1 如果发生事故，您可以访问 1992 基金网站（www.iopcfunds.org）或询问船舶保险人 /1992 基金，获取索赔申请程序说明及专为该事故编制的索赔表格和其他便利服务。建议索赔人提交所有必要文件以支持其索赔。索赔表格有助于您整理并提交评估索赔所需信息，从而加快评估进程。提交索赔时应一并提交账簿、日志及其他内部记录等文件的原始文件。请务必保存所有已提交文件的副本备用。请注意，上述文件在您要求返还时才会退还给您（且通常在理赔结束后退还）。对于完全在《1992 年民事责任公约》限额内的溢油事故，由于不涉及 1992 基金，相关事宜应联系船舶保险人。

7.1.2 一般来说，您应当通过船舶保险人在当地的通信代理或代表的办事处提交索赔；如为重大事故，则通过船舶保险人和 1992 基金专门设立的索赔办事处提交索赔。索赔办事处会协助您提出索赔，在您填写索赔表格的过程中提供建议，将您的索赔转交给船舶保险人 /1992 基金，并在您的索赔经审核且船舶保险人 /1992 基金批准赔偿金额后协助赔付。索赔人应当注意，是否赔偿或赔偿多少这类问题，由船舶保险人 /1992 基金决定，保险人的通信代理 / 代表、索赔办事处工作人员及专家不作相关决定。在溢油船舶不明或者没有保险人的情况下，应直接向 1992 基金提交索赔。无论索赔人是否正与基金及其专家进行密切磋商，索赔时仍须正式提交索赔申请。

7.1.3 国际油污赔偿基金网站上会提供船舶保险人的通信代理 / 代表或索赔办事处的具体联系方式。当地媒体通常也会刊登详细联系信息。1992 基金详细联系信息见本指南封底。

7.2 应提供哪些信息?

基本信息

7.2.1 您向船舶保险人 /1992 基金提供的能说明您经营活动、溢油对您业务的影响以及您遭受的损失的详细信息和证据越多，您的索赔申请的评估速度就越快。您尤其应提供以下信息：

- 索赔人及其代理或顾问（如有）的姓名和索赔人的地址。请注意没必要聘用代理或顾问，建议您亲自索赔。
- 索赔的企业的名称。
- 遭受的污染损害的种类（如财产损坏或经济损失）。

确认您有权代表企业索赔

7.2.2 营业执照正本，如适用，显示企业所有人或负责人姓名的营业账目、租约或租赁协议或政府部门或税务机关出具的其他官方文件，都可被用于确认企业的所有权及您有权代表企业提出索赔申请。

企业详细信息

7.2.3 请您介绍您的企业。您应提供的企业接待能力信息包括：客房或度假房的数量；餐厅座位数；可供租赁的设备；零售规模或相关设施的使用面积，如收费停车位的数量。房费价格表、菜单、设备租赁费及其日费用的详细信息也应该提供。还请提供近年企业经营能力发生变化的所有详情，包括扩张或停业，描述企业经营能力因此而产生的变化，以及变化的时间。还应包括过去 3 年内企业任何重大改变的详细情况，如餐厅服务风格、营业时间以及可能导致收入增加或下降的其他因素的变化。

描述污染对经营情况的影响

7.2.4 这部分可包括您营业地点的地理位置和靠近受溢油影响地区的简短描述。应清楚描述财产受溢油污染的程度。您还应描述游客 / 休闲访客选择您提供的服务的原因，以及溢油事故对游客的影响。如果您为游客提供划船或海钓等特别服务，请列出服务项目清单并提供接受这些服务的游客人数的详细信息。

受损期间的详细信息

7.2.5 受损期间应始于您的企业遭受溢油事故的影响之时。如果您的企业距离受油污影响地区很近，那么受损期间也许始于事故发生当时；如果您的企业距离事故发生地有一定距离，则油污漂移到您所在区域时，您才受到影响，那么受损期间起点则为您的企业首次受到比较明显的溢油事故影响时。或者如果您的企业因与溢油无关的原因在溢油事故期间停业，例如营业时间是季节性的，溢油事故期间您的企业因处于非营业季而停业，那么您的受损期间应从企业重新开始营业之日起算。请确保提交的索赔材料中包括您通常营业期间的信息。

7.2.6 请注意溢油事故的首波影响可能是因媒体开展报道活动，好奇的观光客拜访，包括志愿者、清污公司等在内的清污工作者以及媒体记者的食宿需求等造成的收入的增加。在这种情况下，收入的增加即标志着您的企业开始受到影响。受损期间的结束以您的企业不再受到溢油事故影响为标志，可能是收入恢复到之前营业水平，不再产生任何之前索赔的额外费用，或者是游客 / 休闲访客的游览季结束。

经济损失的计算

7.2.7 赔偿希望能帮助您的企业恢复到未发生溢油事故的状态。提交经济损失索赔的行为表明您认为自己遭受了收入损失（经济损失）和/或支出了额外费用。通常收入减少时，您会遭受利润损失，您的毛利（收入减去工资支出及销售成本等直接成本）亦会低于通常预期额。在这两种情况下，您都需要说明损失的计算过程，并附上证明损失的文件和证据。旅游业和休闲观光业不管企业规模大小都会产生额外费用，这属于正常情况。这些费用被称为可变成本，其金额会因您经营的企业类型不同而变化。例如，出租房屋会产生清扫费和洗衣费，餐饮业会产生直接的食物开支和服务费用。因此，任何收入损失都会降低可变成本，这笔节省的费用应考虑在内。经济损失的计算方法如下所示：

收入损失	*A*
可变成本节省金额	*B*
毛利损失（*A*–*B*）	*C*
额外支出	*D*
小计（*C*+*D*）	*E*
额外收入	*F*
经济损失（*E*–*F*）	*G*

注释：

***A* 收入损失**：可以通过受损期间收入与往年可比时间段收入的差额来说明。

***B* 可变成本**：应包括食物或饮料的销售费用，能源成本及因提供该产品或服务而产生的其他费用。

***C* 毛利损失**：收入损失减去可变成本（*A*–*B*）

***D* 额外支出**：可包括额外的营销费用、为替代因溢油事故损坏或灭失的设备而购买/租赁设备产生的费用、清洗财产所需的额外的人力及设备费用。请解释产生这些额外费用的原因。

***E* 小计**：收入损失加上产生的额外费用（*C*+*D*）。

***F* 额外收入**：可包括清污公司因租用停车位或其他区域而支付的额外租金，为志愿者和专业清污人员提供膳食、为与油污事故有关的访客提供住宿等所产生的毛利。如果没有发生溢油事故，不会取得这些收入。

***G* 经济损失**：小计减去额外收入（*E*–*F*）。

编辑注：*B* 的释文与英文版保持一致。

示例

某餐馆运营中，其食物成本占销售额的35%，直接成本相当于收入的8%，其中有一半可变成本。此外，能源费的一半属于可变成本，随着收入增减而变化。

使用事故前一年整年收入和实际费用计算出总可变成本率。随后，将总可变成本率用于受损期间实际收入减少的情况，以计算出索赔的实际可变成本金额。

	金额（英镑）	可变率（%）	可变成本（英镑）
收入			
年收入	750 000		
可变成本			
食物成本	262 500	100%	262 500
直接成本（租金、交通费等）	60 000	50%	30 000
能源成本	45 000	50%	22 500
总可变成本			31 5000
总可变成本占收入百分比			42%

7.2.8 索赔财产损坏应简单描述遭受的损害，并说明合理的维修或更换费用。请注意如进行更换，应说明原始设备的购置时间，并以计算公式的形式说明合理的折旧费。

7.2.9 在提交索赔时，应提供最近3年的账单（如有）。如果您不需要向主管部门提交正式账目，您也应该提供相关经营账簿。如果因司法或税务需要，曾提交过正式账目或报表，即使这些账目或报表显示的时间段不同，您也应提交这些材料以支持索赔金额的计算。例如，您可能索赔3个月的损失，但这3个月跨越2个财政年度。在这种情况下，您应提交这2年的正式数据和事故发生前3年数据。如果您保留了经营项目的收益和/或费用的电子记录，应尽可能详细地提交受损期间和之前两到三个可比较期间的数据。如果没有此类电子记录，以下材料可用于确定收益损失：预订单据、饭店或出租日志、航海日志或其他信息。还需提交与经营业务有关的银行对账单和/或现金出纳簿。

示例

一家海滨企业拥有的一些沙滩椅和沙滩伞被岸上的油污污染。这些椅子和伞已使用了3年，预计使用寿命是5年。购入价是1 000英镑。剩余价值计算如下：

$$\text{设备费用} \times \frac{\text{使用寿命}-\text{已经使用的时间}}{\text{使用寿命}} = \text{剩余价值}$$

$$1\,000\ \text{英镑} \times \frac{5-3}{5} = 400\ \text{英镑}$$

所以设备损耗的减值是1 000英镑 – 400英镑 = 600英镑

示例

收益表的详细信息（可以从国际油污赔偿基金网站下载）。

下述表格将帮助索赔人记录受损期间以及事故发生前 3 年的销售情况和月度收益情况。请另外附表格并清楚标注以说明与其相关的问题和时间段。请注意月度收益应减去销售税额。

月份	事故发生前 3 年		事故发生前 2 年		事故发生前 1 年		事故发生当年	
	已售数量	月度收益	已售数量	月度收益	已售数量	月度收益	已售数量	月度收益
1 月								
2 月								
3 月								
4 月								
5 月								
6 月								
7 月								
8 月								
9 月								
10 月								
11 月								
12 月								
总计								

7.2.10 可以通过提交的受损期间以及事故发生前3年可比期间的交易详情、损益表、工资支出、费用收据和银行对账单等信息计算出经营成本。类似的信息也可以被用于确认其他额外收入。如果无法获得与经营成本相关的足够信息，船舶保险人/1992基金只能使用行业标准平均数来评估索赔，这可能对您不利。请注意，基金将收集特定地区的数据以确定平均经营成本。您的内部记录是支持索赔的最好材料，所以请花时间准备，提交的材料越多越好。

纳税记录

7.2.11 如果可能的话，请提交受损期间及事故发生前3年的所有相关纳税材料。

额外的营销费用

7.2.12 请提供遭受油污影响前每年的常规营销活动，以及为消除油污影响而额外采取的营销活动的详细信息。请提交每起案例的广告、宣传册，邮购册和在线营销活动的副本（如有），并请标明营销活动与对应发票。请提供您的企业网址和在油污事故发生后提供营销活动的任何其他第三方的详细信息。第三方营销活动内容可包括使用外部代理吸引游客到索赔人的营业场所等。您还必须清楚列明在油污事故发生前按年计算的营销费用金额。

执照和许可

7.2.13 请提供企业应持有的所有执照和/或许可，以证明事故发生当时该执照/许可有效。

照片

7.2.14 请提供照片（如有）说明油污如何影响您的经营活动。如果您经营水上运动或休闲垂钓业务，提供营业场地内及其周围的油污照片，以及设备沾染油污的照片将有助于索赔。请确保照片上清楚地注明拍摄的时间和地点且照片易于辨认。

额外费用

7.2.15 如果您已从政府、当地主管部门或其他任何保险机构获得了油污造成的经济损失或额外费用的赔偿，您必须作出说明。在计算赔偿额时，会考虑因协助清污获得的赔偿。

7.2.16 请注意如所提交的文件或报表有任何不准确之处，都将导致索赔被延迟处理和/或被拒绝。建议您确保索赔材料真实准确地反映您的实际损失，并且包括了您获得的所有资助的信息，如受损期间从清污机构、公益性组织或政府基金处获得的所有财务和物资支持的信息。

7.3 欺诈

1992基金会严肃处理索赔材料欺诈情况。如果索赔材料存在欺诈嫌疑，船舶保险人/1992基金保留通知相关国家主管机关的权利。

7.4 如果记录不全或证据缺失该怎么办?

在某些情况下，小规模的家庭企业可能缺乏证明日常收入的证据。如果您属于这种情况，您仍然可以通过提供现有的全部材料进行索赔。首要任务是证明您曾向游客和观光客提供服务。可用照片、外部引导标志或过去与客户的来往邮件证明这点。其次，您需要说明该业务能够产生收入，估算出收入金额以及与正常时期相比减少的差额。这将有助于您计算经济损失。如果您面临困难，请告诉船舶保险人/1992基金代表，他们会人性化地考虑您的处境。请收集任何能支持索赔的证据。不要试图“制造”记录，一旦发现伪造记录，您的索赔就会被拒绝。提供虚假的索赔证据是欺诈行为，您会受到国内司法制裁。

第八节 如何评估和支付赔偿？

8.1 索赔评估的依据是索赔人提交的证据材料，以及评估人收集到的任何与旅游索赔相关的其他信息，比如同一地区过去旅游业经营业绩和游客情况的统计数据等。除此以外，船舶保险人/1992基金雇用的专家也可能赴实地调查，并和您讨论具体经营情况，以更好地理解您经营情况以及您遭受的油污影响。基金力图对您遭受的真实的油污损失作出实事求是的评估，并帮助您恢复到没有遭受油污损害的状态。

8.2 决定接受还是驳回索赔，以及具体赔偿金额的是船舶保险人/1992基金，而不是评估索赔的专家、技术顾问或当地索赔办事处工作人员。

8.3 船舶保险人/1992基金会尽可能收集旅游业外部数据，如交通统计、停车场使用人数、轮渡游客统计、区域访问人数及调查结果等。他们还会从其他索赔案件中收集相关信息。应注意的是每家单位各有其特点，这些特点会明显影响经营情况。因此，您提供的内部经营信息对于评估而言最为重要。

8.4 船舶保险人/1992基金一旦完成索赔评估，就会告知您根据所有信息和证据得出的合理赔偿额，并向您送达书面的评估结果。如果您指定了代理人，书面的评估结果将被送至您的代理人处。

8.5 通常，理赔决定是“完整和最终”的解决方案。 这意味着不能就当前的受损期间的损失再要求赔偿，您将会被要求签署相关协议。如果您在第一次索赔涉及的受损期间之后又遭受了损失，您可以再提出索赔，这些索赔将被视为单独的索赔。

8.6 请了解船舶保险人/1992 基金可能需要处理成百上千项索赔，会尽快评估您的索赔。但在评估中，基金需要花时间收集、审查必要的相关信息，索赔支撑材料少的情况下尤其如此。

8.7 船舶保险人/1992 基金有时会在索赔评估完成前作出临时赔付的决定，特别是认为您会因油污遭受经济困境的情况下。临时赔付的金额通常会比较小，且最终理赔金额会扣除临时赔付额。

8.8 如果当地设有索赔办事处，索赔办事处将安排付款事宜。否则，1992 基金将联系您安排付款事宜，您须提供如护照、身份证或选民证之类的身份证明材料。

8.9 若您不同意理赔决定，您应联系船舶保险人/1992 基金（直接或通过当地索赔办事处），并说明认为决定不合理的原因。若有支持索赔的新证据，您应提交新证据。使用过去的交易信息有助于索赔。船舶保险人/1992 基金可能会决定重新评估，并再次作出理赔决定，也可能认为原来的决定是合理的。船舶保险人/1992 基金可能会联系您并详细讨论该问题。不管最终决定如何，船舶保险人/1992 基金都会以书面形式告知您作出决定的具体理由。

8.10 如果您仍不同意理赔决定，您有权向您所在国法院起诉船舶所有人、保险人和 1992 基金，对损失评估结果提出质疑。如果您在损害发生之日起 3 年内没能与船舶所有人、保险人及 1992 基金达成协议，那么强烈建议您起诉基金，否则您要承担索赔超过时效的风险。超过时效意味着您可能会丧失获得赔偿的权利。如果您打算提起诉讼，建议参考《索赔手册》和/或咨询法律顾问的意见。

第九节 联系国际油污赔偿基金

9.1 如果发生重大溢油事故，1992 基金会在当地设立索赔办事处，该办事处的联系信息会在当地媒体和国际油污赔偿基金网站（www.iopcfunds.org）上公布。

9.2 1992 基金秘书处的联系方式如下：

国际油污赔偿基金

英国

伦敦 SE1 7SR

艾伯特路堤 4 号

电话：+44 (0)20 7592 7100

传真：+44 (0)20 7592 7111

电子邮箱：info@iopcfunds.org

网址：www.iopcfunds.org

9.3 如果您需要就索赔事宜联系当地索赔办事处或 1992 基金秘书处，须提供索赔编号或其他信息以确认身份。

9.4 您可在国际油污赔偿基金网站（www.iopcfunds.org）上获取 1992 基金《索赔手册》及其他有用文件。

国际油污赔偿基金

环境损害索赔指南

2018 年版

2017 年 10 月经 1992 基金大会和补充基金大会通过。

1

目 录

前 言

本指南提出了发生溢油事故后，如何根据国际油污损害责任和赔偿体系规定，提交环境损害索赔，即提出事故后研究费用和受损环境的修复措施费用的索赔。1992 年国际油污赔偿基金（1992 基金）在其发行的《索赔手册》中，提供了针对油轮所造成油污损害的综合性索赔指南。1992 基金还发布了其他针对具体行业的索赔指导性文件，形成了索赔信息系列文件合集，其中包括《旅游业索赔指南》《捕捞业、海水养殖业及水产加工业索赔指南》《清污及预防措施索赔指南》。这些指南都可以通过国际油污赔偿基金网站获取。

溢油造成环境损害，不仅对于直接遭受溢油影响、采取清污措施以及遭受经济损失的受害人至关重要，对于一般大众来说更是极为重要。有可靠的科学依据，且符合《索赔手册》中相应标准的环境损害赔偿，可以予以赔偿。本指南解释了如何在环境损害索赔中应用这些标准。

请注意，遵循这些指南并不能保证会成功获得赔偿。很多溢油事故发生后，可能并不需要开展事故后研究或采取修复措施，在这种情况下，针对环境损害的索赔就不能获得批准。本指南不对法律问题进行详细阐述，也不应将其视为对相关国际公约在各缔约国内的权威性法律解释。

第一节 国际油污赔偿基金简介

什么是国际油污赔偿基金？

1.1 国际油污赔偿基金由两个政府间组织（1992 基金和补充基金）组成，在载运持久性油类的油轮溢油导致的油污损害超出船舶所有人责任限制，或者船舶所有人无力在责任限制范围内提供赔偿的情况下，对油污损害提供赔偿。

1.2 现行基金为 1992 年国际油污赔偿基金（本指南简称 1992 基金），由加入《1992 年国际油污损害民事责任公约》（《1992 年民事责任公约》）和《1992 年设立国际油污损害赔偿基金国际公约》（《1992 年基金公约》）这两部公约的国家组成。赔偿范围包括由于油轮溢出持久性油类（不含汽油和其他轻质油）造成污染所导致的个人、公司或组织的损失。对于《补充基金议定书》的缔约国，补充基金还为其境内的油污受害者提供第三层次的赔偿。这些不同公约的具体运作机制相当复杂。更多公约相关信息可查阅 1992 基金《索赔手册》和国际油污赔偿基金官网。

1992 基金能做什么？

1.3 1992 基金旨在赔偿油轮污染事故造成的损害，使索赔者恢复到溢油事故未发生前的经济状态。就环境损害相关索赔而言，这类损失可能是利润损失（见 1.12），但更常见的是开展事故后研究和采取修复措施所产生的费用。

赔偿款项怎样筹集？

1.4 油轮所有人通常会向保赔协会投保。少数仅从事国内运输的油轮则投保商业保险。借助此类保险，油轮所有人可以在《1992 年国际油污损害民事责任公约》（《1992 年民事责任公约》）规定的责任限额内，对油污事故导致的损害进行赔偿。

1.5 如果根据《1992 年民事责任公约》规定的赔偿款不足以支付油污事故导致的所有费用，1992 基金将提供赔偿。1992 基金的赔偿款主要由缔约国境内的石油公司根据其所接收的、经海上运输的油类总量分摊。1992 基金缔约国境内，所有年度海运油类接收量超过 15 万 t 的公司必须向 1992 基金缴纳摊款。

1992 基金何时发挥作用？

1.6 溢油油轮的所有人有责任赔付溢油导致的损失，他们通常通过其保险人或保赔协会支付赔偿，赔偿限额为按照油轮吨位计算的责任限制额度。一旦油轮所有人支付的赔偿款达到其赔偿限额，1992 基金则有责任支付超过限额的部分。通常，油轮所有人的保险足以支付所有费用，无须 1992 基金介入。但在重大溢油事故中，甚至可能连 1992 基金的赔偿限额都不足以支付所有有效索赔。尽管这种情况很少发生，但一旦发生，除非油污损害发生在补充基金缔约国内，每一位应获偿的索赔人只能依其被认可的索赔金额，在 1992 基金的赔偿限额内按比例受偿。

1.7 如果污染事故是由自然灾害或完全由于他人（非油轮所有人）主观故意或因主管机关负责的灯塔 / 灯浮或助航设施故障引起的，则油轮所有人不承担赔偿责任，1992 基金将直接进行赔付。此外，如果无法查明油轮所有人，或油轮所有人无力承担赔偿责任，1992 基金也会介入并支付赔偿。

1.8 1992 基金不赔付由战争、敌对行为或是军舰溢油引起的事故，如果无法证明污染是由油轮溢出持久性油类导致损害，1992 基金也不予赔偿。1992 基金同样不赔偿发生在公海或缔约国领海、专属经济区以外的环境损害。

1.9 无论是油轮保险人还是 1992 基金负责赔偿，索赔程序与适用的评估标准是一致的。1992 基金与保险人通常紧密合作，在处理较大的溢油事故时尤其如此。双方会指定专家来监控、跟踪、记录事故影响和清污过程并提供合适的技术建议。聘用的专家还会审核和调查索赔的技术细节，并协助对损失进行独立评估。尽管 1992 基金和保险人需要专家协助评估索赔，然而是否支付赔偿以及赔偿的具体金额仍完全由船舶所有人、相关保险人和 1992 基金决定。

为何会对环境损害进行赔偿？

1.10 规范油污损害赔偿的国际公约对“污染损害”的统一定义如下：

> *“‘污染损害’系指因船舶泄漏或排放油类造成的在该船之外的损失或损害，不论此种泄漏或排放发生在何处；但是，对环境损害（不包括此种损害导致的利润损失）的赔偿，仅限于已实际采取或即将采取的合理修复措施的费用。”*

公约中未对“环境损害”给出定义，但一般认为，“环境损害”是指对环境的不利改变，会导致其功能恶化或弱化。

1.11 上述定义下划线部分的内容给出了与环境损害有关的3种索赔类型，分别是：

（1）利润损失的索赔；

（2）事故后研究费用的索赔；以及

（3）修复措施费用的索赔。

1.12 对因环境损害遭受的利润损失的典型索赔包括：海洋公园、海滨公园或自然保护区的收入损失，例如，停车场、营地或停泊费收入减少。就渔业而言，商业海产品捕捞量减少的相关索赔或可得到受理，例如由于红树林遭受了污染，导致红树林蟹和其他贝类的捕捞和销售中断。1992基金《索赔手册》和单独的《旅游业索赔指南》《渔业、海水养殖业及水产加工业索赔指南》，提供了对经济损失索赔的指导，这些文件可以从国际油污赔偿基金网站下载。

1.13 本指南只关注非经济资源损害造成的损失，即两部1992年公约中所指的事故后研究和修复措施的费用。虽然1992年公约关于污染损害的定义并未直接提到事故后研究的费用，但是在确定一起溢油事故是否对海洋环境造成威胁，或者确定该起溢油事故造成的环境损害的性质和程度时，有时必须开展研究。这些研究的结果也可以确定采取的修复措施是否是必要的、可行的、有效的。相关缔约国在1992基金大会上就污染损害的解释达成了一致意见，并在《索赔手册》中进行阐述，其目的是帮助所有缔约国对1992年公约形成统一解读。《索赔手册》明确规定，为确定环境损害性质和程度（严重性）所做研究产生的费用、监测自然恢复情况或实施修复措施后的恢复情况所支出的费用可以获得赔偿。

1.14 海洋环境服务于生活在其中的植物和动物，为其提供赖以生存的环境，同时也服务于依靠海洋和海岸线谋生及休闲娱乐的人群。对于有时被称为“纯”环境损害费用的索赔，两部1992年公约不予赔偿，即不赔偿环境服务功能的损失，但为尽可能修复受损环境服务功能而支付的费用是可以获赔的。

1.15 是否需要采取修复措施，取决于受油污影响的自然资源的敏感性及其自然恢复的速度。在多数情况下，发生溢油后可能无须采取修复措施。海洋环境天然具备极强的复原能力，而且海洋的物理条件本来就处于较大变化范围内，同时还受到赤潮和风暴等自然因素的干扰制约。例如，居住在潮汐海岸线的生物不仅每日循环着离水晒干和被水淹没的过程，而且也承受着因暴露于阳光、风雨和淡水径流而产生的温度和盐度的巨大落差。然而，一些物种会因食物及繁殖受影响而遭受亚致死效应损害，此外，幼体、卵和幼虫对油类的有毒成分特别敏感。考虑到未受影响的周边地区会有同类物种补充进来，所以虽然曾在实验室研究和溢油发生地附近观察到上述亚致死效应，但在真实环境中很少观察到这种效应大规模出现。此外，在生物进化过程中，许多海洋物种也会采取可能降低自身油污敏感性的生存策略以及可以使受影响的种群快速恢复的繁殖策略。

1.16 虽然1992年公约未定义修复措施，但《索赔手册》3.6.4表明：

“……*任何合理修复措施的宗旨都应该是重建一个生物群落，使溢油时该群落特有的生物再现并正常活动。*”

1.17 即使生物的年龄分布可能不同于事故发生前，但重新建立正常活动的生物群落可证明该生物群落正在恢复中。因此，修复措施的目标应为加快受损环境恢复。

1.18 另一种观念认为，应将受损环境恢复到理论基线或溢油前状态，即如未发生溢油事故，该区域的生态状况。由于诸多原因，这种想法通常并不可行，但在某些具有针对性和操作性的区域或可适用。但在实践中往往不了解基线状态的情况，而且只有在经常对易受油污影响的资源进行全面调查的区域才有可能获得这方面的信息。此外，海洋环境处于不断变化中，食物来源和其他环境条件的改变也会导致种群数量的增加或减少。由于自然波动显著，很难准确地预测不发生溢油事故的情况下原本的生态状况。此外，在很多情况下，在动植物受影响的区域，将动植物资源的丰富性和多样性恢复到溢油发生前的水平，可能需要非常长的时间。

第二节 谁可以提出索赔?

2.1 1992基金缔约国内任何因油轮造成的油污污染而遭受经济损失的人都可以索赔。虽然两部1992年公约都没有对索赔人作出限制，但就环境损害而言，最有可能提出索赔的是国家或地区政府，或经授权代表国家或地区政府管理自然资源的政府机构。在某些情况下，个人或者组织机构也可以提出索赔，但仅限于自然资源所有人或管理人，或与自然资源所有人或管理人有合作、许可或协作的人，即与自然资源明确建立联系的人，如野生动物组织或历史上在该受影响区域工作的非政府性组织。

2.2 要想索赔被受理，提出索赔的人（索赔人）必须能够证明其或其所代表的组织，已经产生或肯定会产生费用，无论是事故后研究费用，还是事故后研究和修复措施费用兼而有之。

案例 1

海鸟特别容易遭受油污污染，一些关心海鸟健康的非政府组织或专业团体经常承担起清洗和重新安置受油污污染的海鸟的责任。提交的《清污及预防措施索赔指南》（清污指南）已经对如何索赔这种行动产生的费用作出了规定。然而，这类组织可能还会启动研究，根据受影响的海鸟种群数量来确定油污污染对海鸟死亡率的影响，并在之后提出修复措施，将种群数量恢复到已知的溢油事故发生前的水平。根据第四节列出的标准，用于事故后研究和修复措施的相关费用的索赔可以获得受理。

案例 2

海岸线或紧靠海岸线的土地的所有人可能经常让其饲养的动物沿海岸线吃草。发生溢油事故后，针对替代饲料费用这一经济损失的索赔或可获得受理，但是土地所有人可能还希望采取修复措施，尽快恢复海岸线环境。在许多国家，海岸线为国有资产，因此有关国家主管机关同意后，才能采取此类措施，但原则上，对于合理的修复措施的费用的索赔可以获得受理。

第三节 发生油污事故时应该做什么？

3.1 就减轻环境损害的措施而言，首先应采取的是预防性措施，即通过实施消除溢油或溢油紧迫威胁的应急反应行动来防止或减轻损害。如果存在造成海洋环境重大损害的真实威胁，1992 年公约也赔偿采取保护措施所产生的高额费用，前提是该金额与损害威胁相称，而不是仅限于经济方面的考虑。尽管如此，仍需要指出：大量事故后研究的结果表明，众多案例中鲜有检测到重大损害。

3.2 得出上述结论的主要原因是考虑到既有海洋环境的恢复能力以及生态系统的复杂性因素，同时又与海洋资源在空间和时间两个维度上的自然而丰富的变化性相关。这些因素综合在一起，导致特别难以确定所观察到的变化是否因溢油事故所引起。另外还有其他混淆因素，如存在其他污染物或侵略性的捕捞技术等人类活动影响，导致很难将油污影响因素与之区分开来，也使得更为细微的影响模糊不清。

3.3 在决定是否开展事故后研究时，应考虑以下实际问题：

- 观察到的油污地域范围和污染程度。
- 大量油污漂移至敏感自然资源区域的可能性。
- 观察到的显著环境影响，即由于油污而非其他偶然因素导致的死亡、脱叶、褪色等显而易见的损害。
- 根据下列因素衡量自然资源的重要性:

—给定物种或生境的保护状态；

—稀有性和分布情况；

—生态群落内的功能意义；

—科学和公众形象。

- 根据下列因素考虑油污影响能否被检出：

—物种、群落或生境对油污的敏感性及恢复潜力；

—可以获得有关基线状态信息 / 参考区域信息；

—没有混淆因素；

—自然变化的范围；

—存在经验证的调查方法。

3.4 是否开展事故后研究，由受油污影响的国家的相关主管机关或本指南第二节规定的个人或组织决定。但是，应尽早邀请船舶保险人、1992 基金及其专家参与某事故的评估或提供相关信息，以确定开展事故后研究是否合理。如果主管机关或其他索赔人决定开展此类研究，应邀请船舶保险人、1992 基金及其相关专家参与该研究的职责范围和计划的制定过程，或为此提供有关信息。让他们参与这些工作的目的是确保事故后研究工作能够提供可靠和有用的信息，并且不必重复其他地方已经做过的工作。此外，这种参与也使得索赔人有机会利用 1992 基金、船舶保险人及有关专家的知识储备，包括以前的研究成果、所使用的技术以及专业知识。同样地，如果研究结果表明修复措施是合理且可行的，船舶保险人、1992 基金和有关专家继续参与，既能帮助索赔人实施修复措施，又便于对所产生的修复措施费用的索赔进行评估。

第四节 决定是否受理索赔的标准是什么？

4.1 《索赔手册》1.4.12~1.4.13 规定如下：

> *对于旨在加快环境损害自然恢复的合理修复措施，基金可以赔偿其费用。对于污染事故发生后的研究费用，包括确定溢油造成的环境损害的性质和程度以及决定修复措施是否必要和可行的研究费用，如果其与公约定义的污染损害有关，可以获得赔偿。*
>
> *对于按照理论模型抽象量化计算得出的环境损害索赔，基金不予赔付。对于与过失人的过错程度相关的、带有惩罚性质的赔偿请求，基金也不予赔付。*

4.2 应注意，对于为恢复环境所采取措施的补偿，仅限于已经实际采取或将要采取的措施。因此，可获受理的索赔，仅限于决定采取有效措施修复损害的索赔人，或已经决定采取行动但仅因缺乏资金而尚未采取有效措施的索赔人所提出的索赔。因此，两部 1992 年公约规定，未来的某一时刻将发生的合理修复费用可能可以获得赔偿。

4.3 对于为确定环境损害的性质、程度和持续时间及监测自然恢复情况和监测实施修复措施后的恢复情况产生的合理研究费用的索赔，两部 1992 年公约作出了规定。此类索赔既要遵守一般受理标准，又要满足环境损害索赔的具体条件。前述一般受理标准和具体条件分别参见《索赔手册》1.5 和 3.6，现摘要如下：

适用于环境损害索赔的一般受理标准摘要

- 任何可获得赔偿的索赔，应为油轮泄漏的持久性油类污染造成的损害和预防措施费用，其预防措施应为面临严重紧迫污染损害威胁时所采取的。
- 索赔的费用与污染损害之间必须存在紧密关系。
- 所有索赔应与合理的、正当的措施有关。
- 索赔人必须证明已经支出的费用，在索赔尚未实施的修复措施费用时，必须提供信息证明将支出的费用。
- 费用必须实际上已经发生，在索赔环境损害中尚未实施的修复措施费用时，必须承诺将支出该费用。

环境损害中事故后研究费用索赔的具体受理标准

- 研究范围应为：确定污染损害威胁的严重性和紧迫性，已经发生的任何损害的性质、程度和可能持续时间，并监测受损环境的恢复情况。研究内容也可以包括确定修复措施的必要性和可行性，研究不应仅为一般的科学目的而开展。
- 研究的规模应与污染的程度、污染可能造成的影响及修复效果成正比。确定研究时机时应注意避免对前述修复效果造成不当延误。

- 研究工作必须提供可靠、有用的信息，并应避免重复之前做过的工作或其他正在进行的研究或项目。
- 研究工作应专业、科学、严谨、客观和平衡地开展，也就是说，研究需遵循合理有效的科学调查原则。
- 应对研究工作的进展情况进行监测，并清楚公正地记录研究结果。

修复措施的具体标准

- 措施的目的是重新建立一个生物群落，使溢油时该群落特有的生物再现并正常活动。修复措施应着眼于加快环境中受损部分的恢复。
- 措施应该有显著加快自然恢复过程的现实前景，并建立在合理的科学原则的基础上。
- 措施应尽量减少事故造成的进一步损害。
- 措施应尽可能不会导致其他生物生境的退化，或对其他自然资源或经济资源产生不利后果。
- 对于在位于受损区域附近一定距离处采取的修复措施，针对其提出的索赔或可接受，但必须证明它们确实有助于环境受损部分及其所提供服务的恢复。
- 措施与环境受损部分之间的联系至关重要。
- 措施在技术上应该是可行的。
- 采取措施发生的费用应与损害的程度和持续时间以及可能受益的程度成比例。

4.4 修复措施不应导致其他生境的退化，或对其他自然资源或经济资源产生不利后果，这一标准需要使用净环境效益分析（NEBA）方法进行评估，有时也使用溢油影响减缓评估（SIMA）方法。从本质上来说，这两种方法都是基于将溢油对环境和社会经济的不利影响降到最低程度所作出的权衡。通过分析可用选项并比较相互冲突的因素，以获取与纯粹的自然恢复相比，可以获得的更好环境修复和/或经济效益的结果。分析中考虑的关键要素包括溢油的必然性和影响，受影响的自然资源的生态重要性，建议采取的修复措施的预期效果和对采取修复措施是否弊大于利的风险评估。

4.5 依据一般受理标准，对于索赔人而言，为了获得国际责任和赔偿体系下的损害赔偿，其必须已经产生了支出或已承诺将产生支出，又或者已经遭受了经济损失。对于环境损害索赔，则产生费用的项目必须为事故后研究项目或事故后研究和修复措施项目。如为修复措施，则索赔必须与持久性油类造成的环境损害的修复直接相关，对于尚未采取的措施，为获得索赔，索赔人必须承诺将会采取措施。

我的索赔能否被受理？

4.6 在提交修复措施的索赔或实施方案前，请确保您对以下几个问题的回答为“是”：

- 措施是否能或者有可能显著加快自然恢复的过程？
- 措施与环境的受损是否存在密切的联系？
- 是否是在遭受损害区域附近采取的修复措施？
- 是否充分考虑了 NEBA 的原则？
- 措施的费用是否与环境损害的程度、持续时间和取得的效果成比例？

4.7 需要指出的是，在考虑上文所述标准的所有要素时，事故后研究和修复措施一般最适用于有明显环境损害影响或威胁的重大溢油事件。

第五节 哪些费用可获得赔偿?

事故后研究

5.1 原则上，监测环境损害的研究费用都可以获得赔偿，尤其是针对明显的可以观察到的损害进行的量化研究，而不是对一系列大范围的假设影响的推测性调查。出于一般科学目的的研究计划不可能获得赔偿。对事故的生态影响的研究通常会与对溢油浓度及化学成分的测试同时开展，以在所观察到的损害与溢油或其化学成分间建立联系。根据事故发生地和受影响资源的情况，可从受影响物种的组织以及周边水体和沉积物中取样分析。一开始就应与船舶保险人、1992 基金及其专家明确规定研究的期限和具体范围。例如，研究的物种、群落或生境，以及选择这些目标研究物的理由是否合理。根据研究结果，研究期限可能需要缩短或延长。延长研究期限可能造成进一步研究的经费问题，但如果船舶保险人和 1992 基金密切参与研究并同意延长期限，可能可以根据研究成果分阶段支付研究费用。

5.2 为了更好地了解修复措施及其目标，建议与利益相关方，包括那些在该地区休闲娱乐的人群，或在该地区开展传统文化习俗活动的本地社区居民进行磋商。另外，还建议与所有利益相关方定期交流事故后研究和修复措施的效果，例如，有关主管机关可能希望提供与受影响地区或受影响资源相关的公众开放和健康方面的信息。

5.3 在为监测修复措施效果而开展的研究中，4.3 列出的标准并不要求监测工作持续到环境完全恢复，而是持续到能够表明全面进入恢复阶段即可。实际上，由于海洋环境存在高度的自然变异性，很难得出环境何时完全恢复的定论。

Sea Empress

1996 年 2 月，油轮 Sea Empress 在英国米尔福德港入口处搁浅，7.2 万 t 原油和 480t 重质燃油溢出。包括一个国家公园在内的长约 200km 的海岸线受到影响。

英国政府成立了由海洋科学专家组成的 Sea Empress 轮环境评估委员会（SEEEC），来评估事故的影响。委员会就遭受油污影响最严重的重要物种和生境开展了 80 余项研究，重点研究那些表明环境健康和环境保护重要性的物种以及海洋食物链。许多研究项目尚无定论，主要困难在于溢油前数据的缺乏，自然变异的因素的影响以及受油污影响与未受油污影响的区域对比分析所需信息的不充分。对于能够证明影响的那些研究项目而言，接下来的一年中观察到了环境的快速恢复。

虽然这些研究的总成本超过 200 万英镑，但并没有就这些费用提出索赔，因为当时还不清楚这是否是可以受理的索赔。这之后 1992 基金大会就该事宜达成一致意见，并在《索赔手册》中再次说明，即如果现在提交此类索赔，原则上可以获得赔偿。

5.4 一般来说，溢油后研究可以采取3种方法：

（1）将受影响资源在事故后和事故前的生态状况进行比较，同时也将这些资源在溢油前后所处环境中油类浓度及化学成分进行比较。

（2）将受油污影响地区与未受油污污染的参照地区或未受油污影响地区进行比较。

（3）监测受油污污染的群落和生境的恢复情况。

（ i ）溢油前后数据比较

5.5 将溢油前后的数据直接对比似乎是最好的办法，然而并不一定会有可靠的溢油前数据。受影响区域以往开展的研究，不太可能出于预期会发生溢油的原因，因此研究可能不会集中于与遭受溢油显著影响的相同的物种、群落或生境。即使以往对受影响的资源进行过调查，但在分析这些数据时也应考虑海洋环境中的自然变异和在此期间发生的任何变化。此外，烃的本底水平，尤其是多环芳烃（PAH）[1]的水平，是已知且有据可查的，这一点也很重要。许多国家有常规监测计划，能提供此类数据。有时或能开展快速事故后研究，藉此提供事故前环境的一些有用信息。这些研究可能开展于溢油到达受关注且有被油污污染风险的资源之前，或者早于溢油产生影响、造成污染的时间。

（ ii ）与参照地区的比较

5.6 应谨慎选择与受污染地进行比较的参照点。不太可能找到与受污染地的生态环境完全相同的参照点，但应选择与生态环境尽可能相似的地点作为参照点。在比较群落或种群遭受的影响时，参照生境的环境、气象和海洋条件应与受影响的生境尽可能一样。

（ iii ）事故后恢复过程的监测

5.7 如果既没有事故前数据，也没有足够的合适参照点，可以采用第三种方式进行损害评估，即对遭受影响的自然资源的恢复进行监测。如恢复情况与一段时间内监测到的碳氢化合物水平降低有关，且该变化明显有别于自然波动，则该恢复情况可视为对溢油事故损害程度的有用评估。应在事故发生后尽快启动监测，开展与附近的未受油污影响区域的比较，说明哪些变化由自然波动所导致。

5.8 综合使用上述三种方法的研究成果最为可靠。对环境中碳氢化合物成分进行监测，有助于在所观察到的影响与溢油之间建立因果关系链。通常可以通过化学分析对污染与溢油进行定性匹配，如使用气相色谱质谱联用仪（GCMS）[2]，该技术也可以提供关键的量化信息。该方法还可以用于排除其他潜在污染来源，如溢油事故发生前的多环芳烃本底含量。

[1] 多环芳烃（PAH）是由多个芳烃（苯）环组成的化合物，这类化合物具有毒性和致癌性。

[2] 气相色谱质谱联用仪（GCMS）是使用气相色谱将复杂混合物中的化合物分离成各个组分的分析方法。采用的方法是，将样品注入气体流动相，当样品经过色谱柱时，各组分在色谱柱中的停留时间不同，使各组分分离。质谱从气象色谱导入成分，通过施加强磁场，将分子解离为可检测的离子片段，使得每个分子都能识别并进行定量。

5.9 尽早选取溢油的可靠参考样本尤为关键。只要条件允许，最好直接从船上选取样本，确保这些样本是从相关油轮上所提取的，取样过程应经过合适的授权及见证，且监管链完整。如果事故情况导致无法直接获得样品，那么应尽量在船舶附近获取参考样本，以确保风和水流导致的溢油漂移情况支持样本的可靠性，并且没有混杂其他污染来源。

河北精神

2007 年 12 月 7 日，锚泊在距离韩国泰安郡西海岸 5 n mile 处的“河北精神”轮被一艘起重驳船碰撞，导致约 10 900 t 原油泄漏入海。

在溢油事件发生后，韩国政府立即指示国内业界领先的科研机构在此后的几个月中开展一系列环境监测项目，包括海水、沉积物和海洋生物的采样。这些项目包括 2007—2009 年受影响地区海洋污染情况的研究以及 2010—2011 年的环境影响评估和修复方案研究。

第一项研究包括对多个取样地点的监测，每个月或每个季度从这些取样地点抽取样品，用于评估海洋环境和海水养殖及渔业资源受到的影响。根据监测结果，由于韩国政府清污行动开展及时，溢油污染被迅速清除，环境得到恢复。韩国政府依靠这项研究来决定何时解除事故发生后所实施的限渔令。2008 年 4 月，韩国政府取消了大部分限渔令，到 2008 年 9 月初时，最后一项限渔令也被取消。尽管最初 1992 基金基于信息不足对索赔产生过质疑，但是仍然认为研究费用的索赔原则上是可以接受的，因为研究成果被用于消除溢油的影响，而且为海产品的安全管理提供了决策支持。

2007—2009 年的监测结果显示，“河北精神”轮溢油事故的污染物水平在 2008 年下降到本底 水平，2009 年已检测不到污染物。此外，2007—2009 年对海岸线和沿海地区的生境检测显示，未探测到与“河北精神”轮溢油事故的污染物直接相关的生物或生态影响，因而不需要开展进一步的研究。

韩国政府资助的另一个监测项目是在 2010—2011 年对黄海环境开展的长期监测，然而这个项目研究并没有把重点放在事故的影响上，而是从纯科学的角度来监测环境的变化。2007—2009 年监测项目已经显示，“河北精神”轮溢油事故的影响已在 2008 年基本消失，2009 年以来的数据变化并不大。

2009 年后环境影响评估报告所陈述的油污污染都被认为是局部性污染。选取这些地点的原因就是该处有残油，因此并不能代表整个黄海的情况。另外，黄海的环境也不断受到诸多因素，如小型船舶溢油事故、海底油田泄漏、河流入海的长期输入物质和全球变暖效应等的影响。因此，虽然黄海的环境监测项目作为科学性的基础研究，可能被认为是一个令人满意的长期项目，但研究本身被认为与事故关联性不强，因此 1992 基金未认可对该项目进行赔偿。

韩国政府向保赔协会和基金提出索赔时，宣布将排在最后序位接受赔偿。同时，韩国政府向法院提出诉讼，以保护自身的获赔权利。2016 年，海山法院（一审法院）得出与 1992 基金相同的结论，即 2007—2009 年进行的研究可予以赔偿。而对于黄海海洋环境的长期监测费用，法院未予以认可，因为法院认为此项研究与污染之间的因果关系并不充分。

5.10 第三个案例是在马来西亚发生的 Singapura Timur 轮事故后开展的事故后研究（见下文）。该研究的主要目的并不是确认溢油的影响，而是确认如果沉船中残留的货物沥青从船中漏出，是否会对环境造成重大威胁，以确定采取移除货物沥青的预防措施是否合理。研究的结果是，残留货物沥青并不会对环境造成威胁，没有必要移除。

Singapura Timur

2001 年 5 月，装载约 1 550 t 沥青的巴拿马籍化学品船 Singapura Timur，与空载的巴哈马籍油轮 Rowan 在马来西亚马六甲海峡的 Undan 岛附近发生碰撞。Singapura Timur 轮沉没于马六甲海峡分道通航制北行航道中部海底，航道水深 47 m。尽管因为该处水深足够，残骸不会造成航行风险，但其与最近海岸线仅有约 8 n mile 距离，靠近敏感的沿海资源，如珊瑚礁、红树林和海水养殖设施等。

马来西亚环境部（简称环境部）认为，船上残余燃油对这些资源构成威胁，并指定一家协议清污公司移除船上燃油。此外，环境部决定开展事故后研究，以确定残骸上残留的货物沥青是否会对环境造成威胁，以及如果造成威胁的话，是否应将其移除。国际油污赔偿基金在一开始就参与到承担研究的专家及其研究任务的选定工作中。由于该研究需要对沉船进行详细的水下调查，同时收集沉船附近水域的水样和沥青样品，因此与该研究相关的实地考察与移除燃油的作业一起开展，以节约费用。

沉船水下检查开展于船舶沉没一年多后，结果发现沉船的船体搁浅在硬质砂岩上，仍处于良好的稳定状态。结论是，沉船状态很可能多年保持不变，但从长期来看，沉船仍有可能因腐蚀等原因慢慢瓦解，货物沥青逐渐漏出。然而，对沉船附近的水样和沉积物样品进行分析，并且与 10 n mile 外的参考地的样品进行比较，没有任何证据表明，多环芳烃溢入水中或被沉积物吸收。沥青的物理性质研究表明，沥青比重大于海水，并且缺乏流动性。对于船舶沉没时泄漏到海床上的沥青，水下研究也确认其已形成大块固体，既不能移动，也无法分裂成焦油球或颗粒。

得出的结论是，沥青不会扩散到沉船四周或浮到水面，沥青几乎是惰性的，不可能向大海或大气释放成分。因此，沥青并未对海洋和沿海资源造成威胁，并且残留在沉船上的沥青也不会对环境造成损害风险。

修复措施

5.11 修复项目在首个阶段往往通过清污措施或者自然净化，尽可能清除受影响地区的溢油。1992 基金会赔偿合理的清污措施的费用，因为这些措施被认为是用于消除包括环境损害在内的污染损害。虽然 1992 基金已支付多起事故后研究的费用，但极少受理针对修复措施的索赔。数起索赔将环境损害的抽象量化数据作为依据，但这并不符合污染损害的定义，因而未被受理。就修复措施的索赔而言，第四节列出的标准将其分为 3 类：

（1）符合所有标准，予以受理；

（2）涉及很可能加快恢复进程的项目，但不清楚该项目是否符合一项或多项修复措施的其他标准，尤其是这些措施的费用是否合乎比例；和

（3）明显不符合第四节所列标准，不予受理。

（ⅰ）可受理的索赔

5.12 从《索赔手册》中给出的指导可以推断出，直接和间接的修复措施都可以获得赔偿，直接修复措施即直接干预受损资源的措施，间接修复措施即可能是在距损害地点一定距离处采取的措施，两者都应致力于加快受损环境的恢复。直接和间接措施都受到既定条件的约束，修复措施在设计阶段就应明确成功修复所呈现的效果。由于缺乏先例，很难预测哪种类型的修复措施能够符合所有必要标准，但直接干预措施可能更容易符合标准。

5.13 直接修复的例子有补种盐沼植物和红树林。在这两种情况下，一旦总污染程度有所下降，便可通过分散播种以及种植附近未受油污影响的植物的繁殖体[3]，来恢复生物多样性和生态驱动的物种分布状态，从而实现自然恢复。根据 NEBA 的原则，应将补种的好处与自然恢复的预期速度和当前为尽可能保持现有的物种多样性而已经开展的工作进行权衡。此外，应保护补种的地点，以避免幼苗种植后受到干扰。

（ⅱ）不清楚能否受理的索赔

5.14 虽然《1992 年基金公约》规定，包括上述提及的修复措施在内的环境损害可以获得赔偿，但迄今为止，尚无接收到可以受理的相关索赔，因此没有据以指导的先例。下面的讨论不就实践中如何解读公约提供任何确定性意见，只是基于第四节列出的标准所作假设进行实例分析。对于根据成熟的科学理论和既定协议而开展的创新性的修复措施建议，如果它们符合上述标准，公约也提供了足够的灵活性。显而易见，最难作出判断的是，这些措施是否与取得的效果合乎比例，或者彼此之间没有太大的悬殊，这都取决于相关事故的具体情况。

[3] 红树林是一种通过繁殖体繁殖的植物，繁殖体被投入水中后会随水漂流，直至沉降在别处，生根并成长为一棵新的树。虽然形似一个细长的种子荚，但是红树林的繁殖体的种子并不经历休眠阶段，而是在离开母树前就已经发展成为一个活体。

Solar 1

2006 年 8 月 11 日，载运约 2 000 t 中间燃料油的油轮 Solar 1，沉没于菲律宾共和国吉马拉斯海峡南部约 10 n mile 处水域，水深 630 m。2007 年 3 月，当沉船进行抽油作业时，发现在事故发生当时，几乎所有货油都已经漏出。2006 年 11 月，船舶保险人和 1992 基金收到了开展事故后环境监测和恢复沿海自然资源的建议。拟恢复的自然资源主要是指遭受油污影响的红树林。

保赔协会和 1992 基金委托开展的调查发现，在一些小型的、不连续的红树林生境，由于各类废弃物累积，抑制潮汐活动，形成的死水区域聚集了大量溢油，导致部分树木死亡，而其余树木的生存状况也不佳。保赔协会和 1992 基金支持开展清除行动，即清理 8 个红树林里遭受油污或未遭受油污的碎片，以保持自然潮汐的通道畅通，促进更大规模的潮汐交换和流动，帮助移除并降解红树林根系系统附近及其周围沉积物内的溢油。这会被视为一项间接修复措施，因为这项措施并没有直接涉及红树林，而是旨在改善环境，以加快遭受油污后的剩余红树林的恢复。

虽然菲律宾政府没有就事故后研究提出索赔，但是菲律宾大学在油污事故发生 3 年后开展了进一步调查。结果发现，在树木死亡、砍树为柴的区域，已经造成了林隙，恢复情况较差。另外，恢复较快的区域情况是，未砍伐死去的红树林，倒下的树木减缓了水的移动，从而避免繁殖体被冲走，提高了繁殖率和树苗成活率。

（ⅲ）间接措施

5.15 间接修复措施可以改善周围的环境条件，藉此来推动受损资源的自然恢复。例如，捕食者控制和干扰控制措施。多种海龟为受保护物种，当它们在沙滩上筑巢时，很容易遭受污染损害，人类或狐狸等捕食海龟蛋或幼龟会阻碍海龟种群的恢复。为保护筑巢地或防止狐狸大批杀害海龟而设置的临时围栏，可被视为用于恢复海龟种群的干预措施。然而，有时候建议采取的措施，如预防性地收集海龟蛋、人工饲养和放生幼龟，不太可能满足第四节关于修复措施获赔应满足的具体标准。特别是，成本与取得的效果不太可能成比例，因为这种方式保护的个体数量很难对所有受影响物种的恢复产生影响。

5.16 在下面要分析的案例中，不列颠哥伦比亚省的兰加拉岛开展灭鼠工作，改善了环境条件，促进了遭受 Nestucca 轮溢油影响的鸟类种群的恢复。尽管国际油污赔偿基金未参与该案，但该案为间接修复措施的应用提供了很好的说明。

Nestucca

1988 年 12 月，驳船 Nestucca 与其拖船在美国华盛顿州格雷斯港相撞，导致大约 800 t 重油泄漏。在 3 周的时间里，溢油向北漂移了约 100 n mile，污染了不列颠哥伦比亚省的温哥华岛西海岸长约 500 km 的海岸线。对搁浅鸟类开展了调查，并发现 12 500 具尸体，而估计油污事故造成的鸟类死亡总数还要高得多。考虑到油污的规模，鸟类死亡总数特别高，部分原因是溢油的持久性，但是更重要的原因是，该地区海鸟的密度非常之高，在北太平洋 20 个岛屿中排名第 4。还有另一个因素是，由于决定猎物分布的物理海洋过程，温哥华岛附近海鸟呈高度集群化分布。Nestucca 轮溢油似乎流经这些鸟类密集的区域，导致死亡数据特别高。鸟类死亡比例最高的种类为崖海鸦和卡辛氏海雀，分别为 42% 和 32%，还有一小部分的扁嘴海雀。

1995 年，为加快受到 Nestucca 轮溢油事故影响的某些海鸟种群的恢复，实施了修复工作，主要是消灭捕食者，即温哥华岛北面的海达瓜群岛（原夏洛特皇后群岛）之一的兰加拉岛上的老鼠。虽然老鼠可能会被认为是“自然资源”，因此消灭它可能被认为是不符合其他资源不应受到不利影响的标准，但它确实满足 NEBA 的原则，因为该老鼠为后来引进的非本地物种，会引起本土海鸟数量的减少。这些岛屿的扁嘴海雀占世界扁嘴海雀数量的一半，是世界上卡辛氏海雀数量的五分之一。在这些老鼠通过渔船或驳船登上兰加拉岛三四十年后，它们已经灭绝了 6 种洞巢鸟类中的 5 种，而且第 6 种扁嘴海雀的数量也从 20 万对锐减到约 2 万对。然而，1999 年至 2004 年间，成功消灭老鼠后，有强烈的迹象表明，扁嘴海雀繁殖种群正在恢复。

虽然遭受 Nestucca 轮油污事故影响最严重的加拿大，现在是 1992 基金缔约国，但在该事故发生时，加拿大尚未加入基金公约。然而，该事故说明了在距污染地区一定距离处实施的间接措施可能可以被受理的情形。在这个例子中，如果修复措施针对的物种与遭受油污损害的物种是同一物种，并且在修复措施与损害之间存在密切联系，那么根据今天的《1992 年基金公约》，任何此类索赔可能被认为可以接受。

5.17 如果直接措施不可行，而间接修复措施相对自然恢复可能能够更迅速地实现环境服务功能的恢复，这种情况下最有可能采取间接修复措施。例如，各类种群本就处于严重压力下，再加上溢油事故所带来的不利影响，受损环境很可能无法恢复，或者恢复速度过于缓慢。

5.18 修复措施应满足的一个标准就是，这些措施的成本不应该是不相称的，并应根据提交的支持该措施的论据和事实作出判断。例如，消除来自海达瓜群岛的捕食者的工作仍在继续，在未来类似的事件中，将不得不作出判断，是否这种区域性的措施可以作为适当的修复措施，如果可以的话，还需要考虑采取这类措施的范围。

5.19 1992 基金会考虑事故的实际情况，支持索赔的事实和论据的分量，并通过辩论，达成相关修复措施是否合乎比例的决定。1992 基金执行委员会经常被要求就是否受理一些事故的索赔作出决定，如从沉船残骸中抽油的费用，处于何种水平时与残油留存在残骸上造成的风险成比例。

Prestige 与 Solar 1——确定费用比例原则的案例研究

下面的案例研究旨在说明国际油污赔偿基金如何对确定费用与风险的比例性作出决定。虽然在下面的案例中，两起事故中待确定的都是针对预防措施费用，但类似的方法也可以被用来决定修复措施的费用是否与风险合乎比例。

2002 年油轮 Prestige 在大西洋沉没，沉没地点距西班牙海岸约 170 n mile，水深 3 650 m，从该处抽出了该船剩余的 13 000 t 重油。尽管这一工作就工程而言取得了非凡成就，但是 1992 基金执行委员会认为，虽然一些准备工作的费用可以获得赔偿，但对于抽出重油所产生的费用，相对于将其留在原地的风险而言是不相称的，因此对抽油费用的索赔不能受理。相比之下，2006 年沉没于菲律宾的 Solar 1 轮（见 5.15 前的案例）的情况，则让执行委员会得出相反结论。

在这两个案例中，费用是否合乎比例，取决于将沉船造成的污染风险与抽油的费用进行比较的结果。污染风险的评估必须首先考虑发生溢油的可能性，其次则是溢油的后果。在评估溢油风险时，关键问题是船上残油的数量以及可能从残骸上溢出残油的速率。

Prestige 轮残骸上两个舱内残油的数量可以合理可靠地估算出来，但 Solar 1 轮无法获得类似的信息，尽管已经知道当该船沉没时，溢油量已相当可观。虽然人们常会担心船舶结构严重损毁将导致所有油类同时溢出，但在现实中，这是极不可能的。因为油被分装在多个舱内，要发生这种情况需要所有舱室同时自发破损。然而，在浅水海域中，严重的风暴或海啸可能确实会导致这种事故的发生。对于深水中的残骸，如一个或多个舱室遭受严重损坏，可以预见的原因可能是重型渔具经过，或大型船舶拖拽锚或地震活动导致海床移动，使得船舶变形。

Prestige 轮沉没地区被认为地质稳定，而 Solar 1 轮的沉没位置距曾有过地震活动历史记录的主要断层线仅 25 n mile。然而，长远来说，两轮更有可能面临的情况是，可能 50 年后，钢质船体被腐蚀会形成针孔和裂隙，从而导致溢油。决定溢油速率的是此类孔隙的大小和油类物质的特性，这反过来又由温度决定。Prestige 轮携带的油更黏稠，倾点远高于船舶残骸所处海域的水温，而 Solar 1 轮携带的油黏性较低，且倾点低于环境温度。换句话说，Solar 1 轮上的油更具流动性。因此，预计其溢油的速度将更快。

风险评估的第二部分是溢油的后果，由油的特性及其溢油路径中分布的资源来决定。Prestige 轮上的油更持久，预计在超过 100 n mile 的近海，其最终缓慢溢出的油会风化并形成焦油球，然后分散到东大西洋的广大地区。由于季节性洋流的作用，这些焦油球可能会抵达加利西亚（拜萨斯）的海产品养殖区，或大西洋群岛的马德拉以及加那利群岛和亚速尔群岛的旅游海滩。然而，经判断，要产生与抽油费用（约 1 亿欧元）相同规模的污染损害，唯一可能的情形是突然发生超过 1 000 t 的大规模溢油事故。如上所述，Prestige 轮残骸发生这类灾难性结构损坏是极不可能的。

执行委员会在作出 Solar 1 轮上残油的抽油费用原则上可受理的决定时，当时的看法是，吉马拉斯岛的沿海捕鱼业和在该岛南部岸礁聚集的贝类都面临较大的污染损害风险。油类长期聚集也会对敏感的红树林造成损害风险。当时掌握的资料表明，抽出残油的费用在 800 万至 1 200 万美元之间，具体取决于船上的残油量。由于 Solar 1 污染导致的损失估计为 500 万至 800 万美元。执行委员会认为，在本案情况下，所显示的抽油费用与进一步溢油导致的污染损害风险相比，并非不成比例。在决定从 Solar 1 轮抽油的费用是否合乎比例时，执行委员会考虑了以下因素：与对油污敏感的经济和环境资源的距离远近，剩余油量的不确定性，频繁的地震活动可能导致的未知后果，并将这些因素与从比 Prestige 轮更浅位置抽油所需的适中预估成本进行比较权衡。

5.20 其他通过改善受影响区域的环境条件，从而加快受损环境恢复速度的措施，也在考虑范围内。例如把受损的环境纳入新划定的保护区内，改进受影响区域的渔业和环境保护的执法模式，消除对受损资源的其他压力，如消除污染源，或采取改进浮标或清除航海风险等旨在降低未来污染事故发生风险的措施。然而，建议采取措施的地方离受损环境越远，越难判断是否合乎比例以及对恢复的有利影响程度。

5.21 对于间接措施而言，合乎比例的问题是至关重要的，因为可能很难直接作物理性的比较。在受损区域补种沼泽植被，评估受损面积、计算补种费用，这类工作相对来说简单直接，而对适度的间接修复措施进行量化本身就比较困难。然而，如果采取的措施是为了改善受损区域的总体环境条件，以此来促进其恢复，例如将受损环境列入保护区域内，这是否可被视为一项合理的修复措施？这类措施的费用可能包括调查、测绘和登记待保护地区的特殊功能，以及起草建立保护区的条例的行政费用等。如果我们对照第四节所列的标准测试上述案例，则需要评估以下所列项目：

（a）这些措施是否建立在合理的科学原则的基础上，目的是否是加快环境中受损部分的恢复？它们是否有显著加快自然恢复过程的现实前景？

在保护区内，对活动施加的限制（如限制进出以尽量减少干扰）在一般条件下有可能会改善整体环境条件，从而促进恢复。

（b）这些措施是否尽量减少事故造成的进一步损害？这些措施是否尽量不造成其他生境的退化或给其他自然或经济资源带来不良后果？换句话说，是否已充分考虑 NEBA 原则？

尽量减少人类在该地区的活动与环境之间的冲突，尊重 NEBA 原则。

（c）这些措施是否在受损区域的附近采取？是否能够证明它们确实有助于环境受损部分的恢复？

保护区应位于该受损区域附近，正如上述（a）段所述，施加的限制措施可以改善受影响区域的环境条件，从而促进恢复。

（d）所采取的措施是否与环境受损部分的恢复存在必要联系？

保护区涉及相同的生境。

（e）这些措施技术上是否可行？

拟采取的措施在技术上是可行的。

（f）这些措施的费用与损害程度、持续时间和可能达到的效果是否成比例？

至于关键的比例性问题，将由 1992

基金管理委员会根据事故所有相关情况，提交的支持索赔的所有事实（包括涉及的实际费用）进行考虑。

（ⅳ）距损害地点一定距离的区域的修复

5.22 对于在损害地点附近但有一定距离的区域所采取措施的索赔，例如在受损区域无法采取修复措施的情况下，在其附近采取了相关措施，《索赔手册》对这种情况有所考虑，但需要仔细考虑以确保采取的任何此种修复措施满足第四节列出的标准。在其他地方“创建”等效资源地来代替受损区域，可能无法满足这些标准，尤其是不满足 NEBA 原则，即其他生境或资源不遭受不良影响。在距受损区域一定距离处采取措施，同时与受损环境有密切联系，这种做法意味着这些措施的目的是恢复该受损生境或资源，而不是替代或提供等效的替代品。

5.23 例如，事故后在被溢油毁坏（也许是由于过度清污）的沼泽生境区域实施了修复措施，这些措施包括恢复退化的海岸线区域，如疏浚废弃物处置场。为满足合理的修复措施的标准，修复措施实施地应在附近相同的范围内，并且有助于建立一个与受损区域类似的生境。废弃物可能需要进行分类并挖掘，以提供合适的剖面与潮汐交换，需要仔细计划种植事宜，以帮助反映原来沼泽植被多样性的植物能落地生根。如果有动物群死亡或者被迫离开原来的湿地生境，那么可以从附近未受影响的区域将这些动物迁移到原湿地生境中。可根据具体的成功标准，如植被覆盖率和多样化水平，来证明恢复进程确立，这也是制定监视计划时需要考虑的因素。

（ⅴ）不可受理的索赔

5.24 仅因为海岸遭受油污污染，不能获得赔偿。例如，因为在沙滩的清污活动结束前不能在沙滩休闲娱乐，而丧失了舒适性，可能会造成不便，但是如果这不导致经济损失，便不能获得赔偿。例如，旅游部门提出的由于沙滩遭受污染而遭受的收入损失的索赔，原则上可以获得受理，但是代表普通大众提交的不能使用沙滩的索赔，通常不会被受理[4]。类似地，发给遭受油污污染的社区或地区的任意金额的钱款也不能获得赔偿，它并不符合第四节列出的标准，因为既不存在恢复进程的加快，也不存在遭受经济损失的索赔人。

5.25 按照理论模型计算出的抽象量化损失的索赔也属于不予受理的类型。通常这样不予受理的索赔是根据溢油量计算的，并未考虑是否观察到溢油损害。下述 Volgoneft 139 轮案说明的“Metodika”就是一个这样的案例。在环境损害建模的其他方法中，抽象的数据可能根据不同的溢油种类、遭受油污损害的不同生境和受影响的海水总量而得出。尽管人们常常认为这提供了计算环境

[4] 旅游业提交索赔的指南可从国际油污赔偿基金网站（www.iopcfunds.org）获得。

损害赔偿的快速方法，但这种计算方法没有考虑实际有可能发生的费用。类似地，询问遭受溢油损害的社区和普通公众成员代表，这类损害应获得多少赔偿，这种调查方法有时被称为价值评估，或叙述偏好方法[5]，同样不会应用于国际油污责任和赔偿体系范畴。这些方法无一能让索赔获得受理，因为按这种方式计算的赔偿与受损环境的恢复无关。

5.26 本指南的附录考虑了在发生污染损害时，可能会对一系列生境和种群采取的修复措施，以及针对这些措施提出的索赔被受理的可能性。

“Metodika”索赔：Volgoneft 139

2007 年 11 月 11 日，俄罗斯籍油轮 Volgoneft 139 轮在连接亚速海及俄罗斯和乌克兰间的黑海的刻赤海峡断为两截。船上载有 4 077 t 重燃油，约 2 000 t 燃油泄漏。

俄罗斯自然资源和生态部的自然资源使用监督服务机构 Rosprirodnadzor 提交了一项金额为 60.486 亿卢布的环境损害索赔。该索赔额是根据溢油量乘以每吨的卢布金额（Metodika）进行计算的。1992 基金告知俄罗斯主管机关，按照理论模型计算的抽象量化损失的索赔不符合《1992 年民事责任公约》第 I(6) 款的规定，因此不能获得赔偿。

2010 年 9 月，圣彼得堡和列宁格勒地区的仲裁法庭发布了判决，不认可“Metodika”的索赔。在判决中，法官指出，根据《1992 年民事责任公约》第 I(6) 款，环境损害费用的赔偿，不包括该损害造成的利润损失，应限于合理的修复措施的费用。

[5] 受访者被提问，假设是为避免污染等不受欢迎的事件，他们愿意为此支付多少钱（WTP）或接受多少钱（WTA）。

第六节 何时应提交索赔?

6.1 您应尽快提出索赔。如果您考虑稍后提出索赔，应将此意图告知船舶保险人和/或1992基金。

提交索赔的时限

6.2 重要的是要认识到，应在损害发生之日起3年内向船舶保险人和1992基金提起索赔。即使您已经提交了索赔，但没有在损害发生之日起3年内和船舶保险人/1992基金达成赔偿协议，也必须寻求法律途径维护权益，不然将会导致索赔权的丧失——见《索赔手册》2.5。虽然通常情况下，损害日期就是事故发生日期，但也有可能损害会在事故发生后一段时间内发生。但在任何情况下，必须在事故发生之日起6年内提起诉讼，以保护索赔权。当临近事故发生3周年之日，1992基金会正式书面通知索赔人和潜在索赔人，提醒他们需要采取措施维护诉讼权。

6.3 虽然通常尚未发生的费用不能获得赔偿，但就修复措施而言，开展研究、采取修复措施再加上监控恢复情况的时间，可以预见到是可能超过3年的索赔时效的，公约认可未来即将采取的修复措施的费用。然而，对于这些可获赔的费用，必须提供令人信服的证据，证明预期支出的费用水平，以及即将采取的措施的详细正当理由。

6.4 如果已经确定的索赔的金额可能会超出公约的限额，存在索赔可能按比例受偿的风险，政府可能会选择排在最后索赔（SLQ）。排在最后索赔的目的是提高非政府机构索赔人的获偿水平，或防止其索赔被按比例赔付。有时在所有非政府机构的索赔完结后，还有足够的款项可以赔偿政府机构的索赔，至少可以部分赔付。然而，可能会花费好几年才能结束所有非政府机构索赔的理赔工作。因此，SLQ的索赔人应考虑维护其诉讼权，避免其超过时效。SLQ的索赔人应尽快提交索赔，而不是观望是否还能有余款赔付。随着时间的推移，可能找不到参与研究或修复措施的人员，政府机构可能会发现提供满足1992基金咨询要求的必要信息越来越困难。

第七节 如何提交索赔?

7.1 索赔表格从何处获取及怎样提交?

7.1.1 如果发生事故，您可以访问1992基金网站（www.iopcfunds.org）或询问船舶保险人/1992基金，获取索赔申请程序说明及专为该事故编制的索赔表格和其他便利服务。建议索赔人提交所有必要文件以支持其索赔。索赔表格有助于您整理并提交评估索赔所需信息，从而加快评估进程。提交索赔时，应一并提交现场日志、会议记录、采购订单、发票、收据及其他记录等的原始文件或经认证的复印件。请务必保存所有已提交文件的副本备用。请注意，上述文件仅在您要求返还时才会退还给您（且通常在理赔结束后退还）。对于完全在《1992年民事责任公约》限额内的溢油事故，由于不涉及1992基金，相关事宜应联系船舶保险人。

7.1.2 一般来说，您应当通过船舶保险人在当地的通信代理或代表的办事处提交索赔；如为重大事故，则通过船舶保险人和1992基金专门设立的索赔办事处提交索赔。索赔办事处会协助您提出索赔，在您填写索赔表格的过程中提供建议，将您的索赔转交给船舶保险人/1992基金，并在您的索赔经审核且船舶保险人/1992基金批准赔偿金额后协助赔付。索赔人应当注意，是否赔偿或赔偿多少这类问题，由船舶保险人/1992基金来决定，保险人的通信代理/代表、索赔办事处工作人员及专家不作相关决定。在溢油船舶不明或者没有保险人的情况下，应直接向1992基金提交索赔。无论索赔人是否正与基金及其专家进行密切磋商，索赔时仍须正式提交索赔申请。

7.1.3 不管索赔人是否与基金及其专家密切磋商，仍需要正式提交研究费用和修复措施费用的索赔。索赔应以邮寄或电子邮件形式提交，并提供尽可能多的支持信息。国际油污赔偿基金网站上会清楚说明索赔表格的送达地址，视具体情况提供保险人的代理/代表或索赔办事处的邮寄地址和电子邮箱地址，这些信息也会公布在当地报刊上。1992基金的联系信息详见本指南结尾处。

7.2 应提供哪些信息?

基本信息

7.2.1 您向船舶保险人/1992基金提供的研究、修复措施和已支出或即将支出的费用信息越详细、证据越多，索赔的评估工作进行得就越快。在初始阶段，您应当尽量多地提供所掌握的下述基本信息：

- 索赔人的姓名、地址，代理人或顾问的姓名，或者您所代表的组织名称和地址。
- 事故涉及船舶的船名。
- 事故发生的日期、地点及详细情况（除非1992基金已掌握这些信息）。
- 确定索赔对象为环境损害（事故后研究/修复措施的费用）。
- 索赔金额及该金额的计算过程。

7.2.2 除初始信息外，重要的是在提交索赔时，还要提供说明索赔的费用如何与所采取的行动相关联的支持材料。1992 基金和船舶保险人雇佣的审核索赔费用的专家需要了解工作的具体内容，开展该项工作的原因、时间、地点和参与的人员，使用了哪些资源，以及费用是如何计算的。发票和收据能够有效确认费用支出，但是仅有这些不够，还需要提供诸如参与的科学家的资质和他们的报酬等其他信息。这些费用最好以表格方式进行统计，环境损害索赔的最重要的一项内容是证明环境遭到损害的科学证据。应提交报告，报告中明确记录事故后研究成果，证明拟采取或已经采取的修复措施的合理性。

7.3 支持性信息和文件

7.3.1 下面列出了应随同事故后研究和修复措施费用索赔一起提交的支持性信息和文件类型示例。这份名单是说明性的，并不详尽，也未列出全部情况下适当或必要的所有项目。

事故后研究

7.3.2 描述区域内污染范围、污染分布和污染程度的受灾地区概图：

- 标注了地理位置的地图和海图，辅以标注了地理位置的照片，例如借助全球定位系统 GPS 标注照片拍摄地点，以及航空图片、遥感图像和视频或其他记录媒体。
- 对于海岸线污染而言，海岸线油污的调查报告，如 SCAT（海岸线清污评估技术）团队的报告。
- 取样计划和基本原理，详细说明取样的频率和样品的位置。
- 碳氢化合物的测量，包括水、生物区和沉积物（如适用）中多环芳烃的含量。

7.3.3 证明污染与案件相关船舶有关的证明：

- 显示一个参考样品与污染样品相匹配的 GCMS 数据。
- 追踪标绘油的运动的观察报告。
- 支持油污从事故船舶运动到受灾地区的风流和潮汐数据。

7.3.4 开展研究的详细信息：

- 宗旨和目标。
- 参照范围（调查的生境、种群或物种）。
- 地域范围和持续时间。
- 使用方法和技术的说明。
- 尽可能提供溢油事故发生前该区域的详细信息。

7.3.5 确定任何环境损害的程度、性质和持续时间的调查结果：

- 记录明显遭到影响的资源的研究结果的报告。
- 展示声称遭到影响的资源与未遭到影响的类似资源对比的照片、视频和其他媒体记录。
- 实验室分析报告，所使用的分析方法的详细信息，实验室的相关资质。
- 船舶保险人 /1992 基金可以要求提供野外记录或电子文档，和用来编写上述报告的其他基础数据。

7.3.6 发生的费用的分类明细：

- 聘请的工作人员的数量，他们在研究中所做的工作、资质、费用/费率结构和工作时间。
- 交通、住宿和其他人员费用。
- 材料和设备的费用，并且解释如何在研究中使用这些材料和设备。
- 实验室的分析费用。

修复措施

7.3.7 证明已经采取或将要采取的修复措施的合理性：

- 遭受严重的环境损害的证明。
- 受灾资源自然恢复的估计速度，以及支持这一估计的数据。
- 对修复措施的描述，实施或拟实施修复措施的数量（面积或数量）、日期和持续时间。
- 修复措施可能带来或已经带来远高于自然恢复的速度的证据或其他理性材料。
- 已经实施或将要实施的措施与遭受的损害合乎比例的证据。
- 表明这些措施没有，也不会损害其他经济或生态资源的证据。
- 监控措施功效的项目的详细信息（包括持续时间）。

7.3.8 发生或即将发生的费用分类明细：

- 聘请的工作人员的数量，他们在修复项目中所做的工作、资质、费用/费率结构和工作时间。
- 交通、住宿和其他人员费用。
- 材料和设备的费用，并且解释如何在项目中已经或将要使用这些材料和设备。
- 对于将要采取的修复措施，决定采取这些措施的证据，将要发生的费用，包括对修复措施功效进行监控的费用，最好有协议。

第八节 如何评估和支付赔偿?

8.1 环境损害索赔评估要遵循 3 个原则:

(1)按照第四节所列的标准来判断,采取的行动是否合理?

(2)措施的费用与产生的效益或期望效益相比是否合理并且合乎比例?

(3)索赔费用的计算方式是否正确?计算结果是否正确?

8.2 1992 基金在个案基础上,考虑事故的特殊情况、所采取措施的技术和科学依据,并应用 NEBA 原则进行评估。

8.3 对于事故后研究和修复措施的索赔,遵守本指南和《索赔手册》指导的索赔人,应与船舶保险人和 1992 基金共同指派的专家密切联络,共同设计、计划并实施事故后研究和经研究采取的修复措施。在技术和费用两方面进行协商,让基金能够监控这些工作的开展情况,并随着项目的进展,就索赔是否可以受理可发表意见。然而,需要强调的是,基金及其专家参与事故后研究,并不意味着已采取的或拟采取的修复措施必然可以获得赔偿。换而言之,如果研究表明,没有造成明显的环境损害,修复措施并不合理,其本身也不意味着这些研究的费用必然无法获得赔偿。

8.4 索赔提出的方式,通常因事故发生的具体情况或采取的措施不同而不同。此外,由于主管机关分析和记录费用的方法不同,索赔金额的计算方法也不同。因此,在初步审查索赔材料后,1992 基金及其专家为了能够完成详细评估,通常会对材料提出质疑或需要索赔人对索赔材料作出解释。通常船舶保险人 /1992 基金会与索赔人进行一系列交换材料的程序,如此反复若干次,直到完全了解索赔费用的构成和计算方式。在大多数案例中,材料交换后可以就赔偿金额达成和解协议。

8.5 如果船舶保险人 /1992 基金要求提供更多材料,但同时认为您存在经济困难,会在现有材料的基础上进行一次临时评估。但要提醒您的是,如果您能够提供更多支持性材料,可以重新考虑评估结果。为保证不会超额赔付,所有依据临时评估所支付的费用都会比完整评估出的费用少。临时评估所支付的费用将在完整评估出的费用中扣除。

8.6 船舶保险人 /1992 基金完成索赔评估后,将根据所有相关材料,告知您其认为合理的赔偿金额。评估结果为书面形式,交给您或您指定的代表。

8.7 通常,赔偿款报价中会写明为“全部及最终”理赔方案,意为当前索赔的受损期间发生的损失不能再另行索赔,而且要求索赔人就此签订协议。虽然索赔人认为其在第一次索赔结束之后仍有损失发生,仍可提起索赔,但如果就预期采取的修复措施的赔偿额达成了一致，索赔人不能再提起索赔。

8.8 请注意，船舶保险人/1992 基金可能要处理成百上千项索赔赔偿，虽然会尽快对索赔进行评估，但可能基金和保险人需要一定时间收集并反复核对评估索赔的相关必要信息，在收到的索赔材料极少的情况下尤其如此。

8.9 如果您对拟赔付金额持异议，应当联系船舶保险人/1992 基金（直接或通过当地索赔办事处），并解释您认为该金额不足的原因。如果有新证据，还应当提交新证据。船舶保险人/1992 基金可以决定重新审核，并根据新证据给出新的金额，或决定坚持第一次确定的金额。1992 基金会联系索赔人并安排进一步商讨索赔事项，不论结果如何，基金赔偿决定的依据都会以书面形式公布。

8.10 如果您仍不接受拟赔付的金额，您有权在您所在国家就评估索赔的金额向船舶所有人、保险人以及 1992 基金提起诉讼。如果在损害发生后 3 年内没能与 1992 基金达成和解，基金会强烈建议索赔人提起诉讼，在此阶段您可能会需要征询法律意见。而如果索赔人在 3 年内没有采取任何行动，则要承担索赔超过诉讼时效的风险，索赔人可能丧失获得赔偿的权利。

第九节 联系国际油污赔偿基金

9.1 如果发生重大溢油事故，1992 基金会在当地设立索赔办事处，该办事处的联系信息会在当地媒体和国际油污赔偿基金网站（www.iopcfunds.org）上公布。

9.2 1992 基金秘书处的联系方式如下：

国际油污赔偿基金

英国

伦敦 SE1 7SR

艾伯特路堤 4 号

电话： + 44(0)20 7592 7100

传真： + 44(0)20 7592 7111

电子邮箱： info@iopcfunds.org

网站： www.iopcfunds.org

9.3 如果您需要就索赔事宜联系当地索赔办事处或 1992 基金秘书处，须提供索赔编号或其他信息以确认身份。

9.4 您可在国际油污赔偿基金网站（www.iopcfunds.org）上获取 1992 基金《索赔手册》及其他有用文件。

延伸阅读：

IMO/UNEP 关于海洋溢油后环境损害评估和恢复的指南手册，IMO，2009

附录

生　境	可能采取的修复措施	1992 年公约下是否可受理的意见
沙滩	再造沙滩，补沙	对海滩进行分级，以使其回到最初状态的费用属于预防性措施费用，典型情况为在海浪冲洗操作后会采用此措施。 如果可以自然补充清污过程中流失的沙子，那么很难将补沙认定为合理措施。以下情况或为例外：在旅游季节高峰期，清污工作结束后，为立即提供一个可使用的休闲海滩而进行的补沙。但这通常被视为一种预防措施，目的是尽量减少旅游部门的经济损失。
沙丘	补种沙丘草	补种由于清污工作的车辆碾压等原因而受损的沙丘草及其他植物的措施，以及限制人群出入沙丘等减少干扰的措施，或可被受理。
岩石海岸线	重新定植或种植，恢复当地种群数量	生活在裸露的岩石海岸线环境下的动植物种群，常年处于恶劣的环境条件下，具有很好的快速恢复能力。因此，考虑到这些生境预期的快速恢复能力，修复措施的索赔不太可能被受理。
红树林和盐沼	人工繁殖，制定重新种植计划，恢复和增强生境	种植苗木对于红树林和盐沼来说是完善的修复技术，可提高其自然繁殖水平。 然而，设计补种项目时应考虑当地的物种多样性。
海草群落	通过人工繁殖和重新种植、补种等措施，恢复并加强当地种群，实现生境修复	一些小型的海草重新种植和补种项目，成效有限。但其费用昂贵，可能无法满足合乎比例的标准。在海床自然恢复期间采取限制干扰的措施更有可能被受理。
珊瑚礁	生境重建与再繁衍	珊瑚礁通常在水下，因此很少有受到溢油损害的危险，然而，珊瑚及珊瑚礁生物群体对被分散的油特别敏感。 在恢复期采取限制干扰的措施可能被受理。 船舶搁浅造成的物理损坏不在国际污染损害责任和赔偿公约的范围之内。

限制最高赔偿金额。一旦油轮所有人支付的赔偿款达到其赔偿限额，1992基金则有责任支付超过限额的部分。通常，油轮所有人的保险足以支付所有费用，无须1992基金介入。但在重大溢油事故中，甚至可能连1992基金的赔偿限额都不足以支付所有有效索赔。尽管这种情况很少发生，但一旦发生，除非油污损害发生在补充基金缔约国境内，否则每一位应获偿的索赔人只能依其被认可的索赔金额，在1992基金的赔偿限额内按比例受偿。

1.7 如果污染事故是由自然灾害或完全由于他人（非油轮所有人）的主观故意或因主管机关负责维护的灯塔/灯浮或助航设施故障引起的，则油轮所有人不承担赔偿责任，1992基金将直接进行赔付。此外，如果无法查明油轮所有人或油轮所有人无力承担赔偿责任，1992基金也会介入并支付赔偿。

1.8 1992基金不赔付由战争、敌对行为或是军舰溢油引起的污染事故。如果无法证明是油轮溢出的持久性油类导致损害，1992基金也不予赔偿。1992基金同样不赔偿发生在公海或缔约国领海、专属经济区以外的捕捞业、海水养殖业和水产加工业损害。

1.9 无论是由船舶保险人还是由1992基金进行赔偿，索赔程序与适用的评估标准是一致的。1992基金与保险人通常紧密合作，处理较大的溢油事故时尤其如此。双方会指定专家来监控、跟踪并记录清污作业的影响和清污过程。专家还会审核调查索赔的技术细节，并协助对损失进行独立评估。尽管1992基金和保险人依靠专家协助评估索赔，但是否认可某项索赔以及赔偿的具体金额仍由保险人和1992基金决定。

第二节 谁可以提出索赔?

2.1 任何因1992基金缔约国境内油轮溢油遭受损失的油污受害人，都可以就其损失提出索赔。本指南仅考虑渔业（包括捕鱼、养鱼、海水养殖及其他渔业相关产业）的索赔。

2.2 想成功索赔，提出索赔的人（索赔人）必须能够证明自己因污染遭受了经济损失，且该损失与油污污染有紧密联系。一般来说，经营场所距离溢油现场越远，获得赔偿的可能性就越小。然而1992基金在确定索赔是否有效时，会考虑诸多因素。下表中列出了其中部分因素。

评估期间考虑的因素	提交索赔前要问自己的问题
相关经营活动是否位于遭受油污直接污染区域?	
每起事故污染的面积和程度各不相同，取决于很多种不同因素。并不是只要发生了污染事故索赔就一定会被接受。但如果某项经营活动位于受油污影响的海岸或其附近，且因为污染而遭受了损失，则其索赔申请或可被接受。	• 如果您是渔民，污染是否位于您经常捕鱼的区域? • 如果您经营一家养殖场，溢油是否确实进入您的养殖场内?
相关经营活动对该受污染区域或者资源的依赖性有多大?	
如果另一区域的捕鱼环境相对较差，或者您去那里捕鱼的成本更高（例如船消耗的燃油更多），则这些额外支出的费用可获得赔偿。	• 如果您捕鱼，是否可以去其他没有受油污污染的地方捕鱼? • 您的经营活动是否通过在该区域从事的渔业经营行为产生利润，比如为渔市供应冰块的供应商。
您是否可以获得替代资源以减少损失?	
如果捕鱼活动因溢油事故而中断，您或许可以从其他未受影响区域获得供给以继续运营。如果产生了额外的支出，比如从未受污染区域买鱼产生了额外支出，则该额外支出的费用可获得赔偿。	• 如果您是鱼商或者加工商，是否会因对该产品丧失信心而降低对鱼类的需求? • 如果您是鱼商或者加工商，您是否能从其他地区获得鱼类供给?
相关经营活动是否在受油污影响区域的经济中占有重要地位?	
渔业可以提供当地居民赖以生存的商业机会，如将捕起的鱼运到批发商处，购买渔网、鱼饵、冰块、燃油等。如果污染导致捕鱼活动中止，则受影响个人的任何收入损失都可被认定为有效索赔。一般情况下，如果索赔人能够表明其有能力在该地区创造其他重要经济活动，则其可能被认定为在经济中占重要地位。	• 您在该地区雇用人员吗? • 您的经营活动是否为该地区人员创造工作机会? • 您的经营活动是否从该地区的其他经营活动中购买产品?

2.3 全部或部分收入或生活依赖于渔业的人或者企业有权就经济损失提出索赔。如果您把钓鱼当做运动，而油污让您无法钓鱼，这种情况下您并没有因油污而遭受任何经济损失，所以您不能索赔。但如果您的经营活动涉及带领别人钓鱼娱乐，那您有可能遭受了损失因而可以索赔。

2.4 如果您受雇于其他人，例如是一家鱼类加工厂的员工，那您的雇主通常会付您工资，然后就全部经济损失提出索赔。根据您雇主的具体情况，在赔偿款支付之前，其可能会部分或全部延迟支付您的工资。如果您的雇主就全部经济损失提出索赔，1992 基金通常只会在他签署协议，同意实际支付雇员工资（如其尚未支付）的情况下才会给予其全额赔付。

2.5 如果您是一名渔船上的船员，通常您应能依赖渔船船主就渔船收入损失提出索赔。渔船船主会被要求签署协议，在其获赔后会即刻支付船员工资。

2.6 如果您是渔船船主，则您必须在索赔时清楚表明索赔项目中是否包括船员的损失，如包括，则应列明相关船员姓名。

2.7 如果您是捕捞合作社或贸易商会之类的机构成员，这类机构可以代表其所有成员进行索赔。国家和当地政府有时也会就渔业损失提出索赔。不管是谁代表您就您遭受的损失提出索赔，也不管您提出多少项索赔，都只能就遭受的实际损失获得一次赔偿。

第三节 发生油污事故时应该做什么？

3.1 首先，不要恐慌。溢油污染往往看上去非常可怕，但它对于鱼类和海洋生物的毒害性并不像大多数人所想的那样厉害。很可能几周或者几个月内一切都会恢复基本正常。虽然赔付前需要对所有索赔进行全面评估，因此索赔人或许不能很快获得赔款，但1992基金已经通过大量实践，在这方面积累了丰富经验。

3.2 如果您是捕捞业、海水养殖业或其他从事相关经营活动的负责人，您有责任尽量将自己的损失最小化。如果您实际上还有其他方法可以继续营业的情况下停业，那么1992基金很难给予全额赔偿。这意味着您可能要去其他地区捕鱼，从事其他工作（例如清除油污）或者以未受污染影响地区的鱼类作为货源。基金可以就您通常可以获得的利润与您实际获得的利润之间的差额进行补偿。

渔民

3.3 对溢油发生时的情况及自己采取的应对措施进行记录是非常重要的。确切地了解油污进入作业区域的时间点、当时的气象条件以及油污进入时您做了些什么，这些都是很有用的信息。如果您能够去其他地方捕鱼，请记录您捕到了多少鱼，以及去那里捕鱼您的额外支出是多少。一旦您通常捕鱼的渔场不再有油污，则应当立刻返回原地捕鱼。

3.4 如果您还有捕鱼装备（渔网、捕鱼陷阱等）遗留在海里，则您应在保证安全的前提下尽早将其取回，以免其遭到污染；如果这些设施已经被污染，则应将其保存好，待船舶保险人/1992基金派出代表进行检查，或者至少拍摄清晰照片以显示污染的程度。

示例

发生重大溢油事故后，一国政府会在沿岸地区采取预防性的禁渔措施。政府同某科技机构签订合同，进行取样和测试，以确定相关水域和渔业资源的污染程度。

即使事故发生数周后，取样显示水体和鱼类已不再有污染迹象，但直到数月之后政府征得所有利益相关方的一致同意，方才取消禁渔令。

1992 基金认为在事故开始时设立禁渔令是合理的，但也认为根据上述政府以及当地渔民提交的证据，在事故发生 2 个月之后，还未取消禁渔令，从科学或技术上来说是不合理的。

因此，基金只接受溢油发生后 2 个月内的损害索赔。在此时间点之后渔民遭受的任何油污损失与本次溢油无关联，但事实上与不合理的长时间的禁渔令有关，基金对此类损失不负责赔偿。

3.5 有时候政府或当地主管机关会在污染区域采取禁渔措施。您必须知道 1992 基金并非自动认可此类禁渔令，相关主管机关必须有充分的理由支持自己的决定。如果基金认为在某个时间点恢复捕鱼是合理的，那么尽管禁渔令还没有取消，基金仍只赔偿这个时间点以前的损失。船舶保险人 /1992 基金的代表会向索赔人清楚表明基金对于禁渔令的立场。相关事务可随时与基金联系。

3.6 溢油导致野生鱼类死亡的情况十分罕见，但如果您认为发生了该类事件，请联系船舶保险人 /1992 基金的代表，以便开展进一步调查。

海水养殖业经营人

3.7 您必须确定自己可以采取什么措施来保护自己的经营活动。例如，如果您的鱼塘或者网箱表面有油污，或许最好先停几天不要给鱼喂食，以免它们浮上水面。您或许会希望使用围油栏或其他方法来阻止油污进入养殖场。此外您也可以选择在油污抵达您的设施之前提早开始采收养殖产品。

3.8 如果您决定销毁养殖产品，则赔偿取决于诸多因素，其中包括：

- 养殖产品是否遭受了污染？
- 如果遭受了污染，污染是否会在您通常的收获期前消失，您是否能够卖掉产品？
- 让遭受污染的养殖产品继续留在您的鱼塘或者网箱中是否会使您无法养殖更多产品？

示例

养殖场就死亡的章鱼及其导致的利润损失提出索赔。

养殖户必须证明污染导致章鱼死亡率提高，且章鱼所受到的影响也是前述污染导致的。

损失金额根据溢油事故发生之前所养殖待售的章鱼数量与已售章鱼数量进行比较计算得出，其中要考虑到养殖场的章鱼平均死亡率。

价格以提交的发票或养殖场所在地区的平均市场价为基础计算得出。

相应的经济损失根据该养殖场和类似养殖场上市销售期的样本平均重量和平均售价计算得出。

			总计
A	N° 库存样本		4 255
B	正常死亡率		22%
C	待售总量	(A–A x B)	3 319
D	溢油事故后销售量		2 291
E	N° 未售样本	(C–D)	1 028
F	平均质量 (kg)		2.5
G	死亡总量 (kg)	(E x F)	2 570
H	平均价格		6.42 英镑
I	总损失	(G x H)	16 499.40 英镑

3.9 由您来确定什么是最好的处理方法，但您所采取的行动必须是合理的，并以将损害降到最低为目标。请对采取了哪些行动、您为什么觉得采取这些行动是合理的保持良好记录。如您在当时合理利用可用的信息和资源基础上采取了审慎的应对措施，则1992基金愿意对无法避免的损失进行赔付。如果您无法确定应采取什么行动，则在采取重大行动之前，您和您所在协会或代表应同船舶保险人/1992基金所派代表进行沟通，最终是否采取其建议由您决定。遵从其建议并不能保证您获得赔付，但肯定能提高您成功索赔的可能性。

其他渔业领域业务（加工、营销、供应等）

3.10 对经营活动受污染影响期间您所采取的措施保持良好记录是十分重要的。请密切关注受污染区域以及您通常货源供应受影响的程度。您也许希望尝试从其他地方获得鱼类的供货源，如果该货源导致您的成本比原来通常进货成本高，在有证据证明的情况下，可以就该差价进行索赔。

3.11 禁止销售已与油污有接触的鱼类，这一点也十分重要。通常政府或当地主管机关会安排对鱼类进行检测，确定其是否遭受油污污染。您应设法获得检测结果。

第四节 哪些损失可获得赔偿?

财产损坏

4.1 您可以就溢油污染导致的渔具和海水养殖设施或其他设施的损坏提出索赔。清洁或修理设备的费用可以获得赔偿。如果该设备太脏而无法清理，则可就其更换费用进行索赔（但需要扣除折旧费）。您也可以就遭受污染的船舶和艇筏的清洗费用提出索赔，但对其进行喷漆的费用通常不能提出索赔，因为油污很少会对油漆造成损害。在可能的情况下，应将受损物品妥善保存，待船舶保险人/1992 基金的代表对其进行检查。应保存好所购置新设备或者任何其他用于清洁污染财产的物品的收据或发票。

示例

油轮和渔船在港口外发生碰撞导致溢油。溢油进入当地渔船船队停泊的港口，导致几乎所有停泊在该港口的小渔船船壳、浮筒、缆绳等，都不同程度地遭受了油污损害。

遭受油污污染的多数小船在当地船坞船台上进行了清洗，其他小船是由船主自行清洗的，没有使用船坞船台。

遭受油污损害的小船船主提出索赔，索赔内容包括对其船舶进行清洗和重新上漆的费用、清洗船舶时消耗的物资费用以及更换油污损害的浮筒和缆绳产生的费用。

1992 基金会根据渔民提供的照片以及其在该国指定的专家对遭受污染的船舶直接检查的基础上开展评估。对于修理费用的评估是建立在该地区油漆、稀释液以及相关材料的市场均价基础上的。基金也考虑到在油污仅覆盖部分船壳的情况下对其进行全面的重新喷漆，能够改进船舶的整体状况。因此会在评估的过程中将船舶遭受油污之前的状况、油污污染的程度以及所进行的喷漆情况考虑在内。

缆绳和浮筒等耐用品，如无法清洗、必须在油污事故发生后重新购买的，其费用是在市场价的基础上进行评估的，但会将其使用寿命考虑在内，并在最后评估的金额上减去相应的折旧费。这就是所谓的残值，用如下公式计算：

$$设备费用 \times \frac{可用期限-已用时间}{可用期限} = 残值$$

$$399 \times \frac{3-2}{3} = 133$$

因此，最终的索赔计算如下

人员费	+	750 英镑
设备购置费	+	399 英镑
已购设备的残值	−	133 英镑
设备租赁费	+	589 英镑
其他费用（船台费用等）	+	500 英镑
索赔总额	=	2 105 英镑

间接损失

4.2 间接损失系指因财产遭受污染导致的损失。如果您的渔具或者经营设施遭受了油污污染，渔具进行清洁或更换之前无法使用，则您可以就因此而损失的费用进行索赔。但是，您有责任尽早恢复正常作业，1992 基金可能只会赔付其认为是合理的、用于恢复正常营业的时间段的损失。请记住，基金只赔付利润损失，金额根据您的常规收入减去您通常在燃油和饵料上的支出来计算。

纯经济损失

4.3 即使捕鱼工具或海水养殖工具或经营设施未遭受油污污染，您也有可能会无法正常营业。例如，您通常去捕鱼的海域被油污覆盖，并且您无法去其他地方捕鱼，这种情况下您可以就污染没发生的情况下本可以获得的收入提出索赔。如果人们认为您的产品被油污污染，因而不愿意购买，那么您也可以就此提出索赔，但这种情况较难举证。或者，如果您从事鱼类销售，由于没有人捕鱼您无鱼可卖，则您也可以就利润损失提出索赔。但油污污染与您的损失之间必须有紧密的联系。

4.4 您也可就为预防进一步经济损失所采取的行动提出索赔。例如，如果您发现由于人们认为您销售的鱼可能被油污污染了，因而很难卖出去，那么用于说服大众的合理营销费用是可以得到 1992 基金赔付的。在开展此类行动之前，您应先与船舶保险人 /1992 基金所派代表进行沟通。

示例

收入减少、毛利润水平（收入减去工资及销售成本等直接成本）低于通常预期值时，通常会出现利润损失。在任何情况下您都需要说明您是如何计算损失的，并附上可以证明损失的文件和证据。所谓的可变支出根据您所经营的业务类型不同而变化。例如出去捕鱼会产生燃油和冰块的费用。因此，任何收入损失都会导致可变支出减少，这笔省下的费用也应考虑在内。故经济损失的计算方法如下：

收入损失	*A*
可变支出	*B*
毛利润损失（*A*－*B*）	*C*
额外支出	*D*
小计（*C*＋*D*）	*E*
额外收入	*F*
经济损失（*E*－*F*）	*G*

注释：

***A* 收入损失**：应通过索赔阶段与前一年或几年同期收入的差距来说明。

***B* 可变支出**：可包括销售佣金、燃气费用，因未捕鱼或在较近处捕鱼而节省的燃油费用，冷藏用冰块费用、鱼饵费用、包装费用、维护费用、鱼食费用、员工工资（如按照“每个航次”计算），以及在提供产品或服务的过程中产生的其他费用。

***C* 毛利润损失**：收入损失减去可变支出（*A*－*B*）。

***D* 额外支出**：可包括在前往其他捕鱼区产生的额外燃油费用、采取措施以避免或最小化纯经济损失而产生的费用，或者准备索赔的过程中必要时聘请顾问的费用。请解释额外费用产生的原因。

***E* 小计**：毛利润损失加上额外支出（*C*＋*D*）。

***F* 额外收入**：可包括清污作业期间获得的额外收入，或者因其他任务提供的有偿雇用。

***G* 经济损失**：小计减去额外收入（*E*－*F*）。

预防措施

4.5 在有些情况下，您可以就为防止溢油造成损害所采取的合理措施提出索赔。例如您可能在港口的入口处布设围油栏以阻止油污入港污染船舶或防止油污进入渔场。您可以就采取这些措施产生的费用提出索赔。

聘用顾问

4.6 索赔时您可能会需要专业人员的帮助。有些情况下您可以就顾问所开展工作产生的合理费用提出索赔。在对您所提出的索赔进行评估时，1992 基金会对此类咨询或帮助是否必要、效果好坏、花费的时间以及费用进行审核。

4.7 请记住，这其中您所采取的行动及所提出的索赔都必须合理且真实。对于不合法的行动，例如捕获量超过法规允许范围、在禁渔区内捕鱼，或者是非法渔具的损坏，1992 基金都无法给予赔付。

第五节 哪些索赔可获得赔偿?

5.1 所有索赔必须满足以下几点:

- 只赔付油轮溢油污染导致的损失。
- 污染与损失之间必须有紧密的联系。
- 与索赔费用相关的所有措施都必须是合理正当的。
- 只有可量化的经济损失才能获得赔付。
- 索赔人必须证明损失金额并提供相关支持信息。
- 索赔的费用、损失或损害必须是实际已发生的。对于尚未发生的损失的索赔不在考虑范围内。
- 只有合法的经营活动才能获得赔付。

5.2 索赔评估有一定的灵活性，这取决于索赔人的具体情况。如果您认为自己遭受了损失，但认为自己无法提供所有证据来证明，我们建议您联系船舶保险人 /1992 基金，他们会提供更适合您具体情况的建议，帮助您提交索赔。

第六节 何时应提出索赔？

6.1 仅对已发生的损失或者损害进行赔付。如果您的渔具或设施遭受了油污污染，除非还可能会出现更多损害，否则您可以马上提出索赔。但是，如果您就预期收入损失，例如对无法捕鱼的预期收入损失提出索赔，那么在溢油事故发生几天后就提出索赔是没有意义的，因为您只能就这几天的损失提出索赔，而无法索赔未来可能遭受的损失。最好等待几个星期，观察情况的发展变化，届时事故或已终止，您可以一次性索赔所有损失。如果污染可能会给您带来较长时间的影响，您可以定期提交索赔，例如每个月或者每 3 个月一次。

6.2 不管您的索赔期限如何，都应尽早提交，最迟不得超过损害发生后 3 年。如果您已经提出一项索赔，但未在损害发生后的 3 年内与船舶保险人 /1992 基金达成协议，则应该向法院提起诉讼，以保护您的权利。未提起诉讼将导致您丧失获赔的权利。尽管有时损害可能会在事故发生一段时间后才产生，但任何情况下都必须在事故发生之日起 6 年内向法院提起诉讼（详情请见《索赔手册》2.5）。

第七节 如何提交索赔？

7.1 索赔表格从何处获取及怎样提交？

7.1.1 如果发生事故，您可以访问 1992 基金网站（www.iopcfunds.org）或询问船舶保险人 /1992 基金，获取索赔申请程序说明及专为该事故编制的索赔表格和其他便利服务。建议索赔人提交所有必要文件以支持其索赔。索赔表格有助于您整理并提交评估索赔所需信息，从而加快评估进程。提交索赔时应一并提交账簿、日志及其他内部记录等文件的原始文件。请务必保存所有已提交文件的副本备用。请注意，上述文件仅在您要求返还时才会退还给您（且通常在理赔结束后退还）。对于完全在《1992 年民事责任公约》限额内的溢油事故，由于不涉及 1992 基金，相关事宜应联系船舶保险人。

7.1.2 一般来说，您应当通过保险人在当地的通信代理或代表的办事处提交索赔；如为重大事故，则通过船舶保险人和 1992 基金专门设立的索赔办事处提交索赔。索赔办事处会协助您提出索赔，在您填写索赔表格的过程中提供建议，将您的索赔转交给船舶保险人 /1992 基金，并在您的索赔经审核且船舶保险人 /1992 基金批准赔偿金额后协助赔付。索赔人应当注意，是否赔偿或赔偿多少这类问题，由船舶保险人 /1992 基金决定，保险人的通信代理 / 代表、索赔办事处工作人员及专家不作相关决定。在溢油船舶不明或者没有保险人的情况下，应直接向 1992 基金提交索赔。不论索赔人是否正与基金及其专家进行密切磋商，索赔时仍须正式提交索赔申请。

7.1.3 国际油污赔偿基金网站上会提供保险人的通信代理 / 代表或索赔办事处的具体联系方式。当地媒体通常也会刊登详细联系信息。1992 基金详细联系信息见本指南封底。

7.2 应提供哪些信息？

基本信息

7.2.1 对于有关经营活动及溢油对其产生的影响以及具体损失，向船舶保险人 /1992 基金提供的细节情况和证据越多，索赔申请评估的速度就越快。应提供的首要信息如下：

- 索赔人及其代表或顾问（如有）的姓名及地址。
- 事故船船名。
- 事故发生的日期、地点以及细节（除非 1992 基金已得知这些信息）。
- 产生的污染损害的类别（财产损害、经济损失等），以及损害是如何发生的。
- 索赔金额及您是如何得出该金额的。

可证明您参与捕鱼、鱼类养殖或相关经营活动的证据

7.2.2 对于渔民而言，上述证据可包括捕捞许可证、渔业合作组织、协会或商会成员身份、以您的名义办理的船舶登记文件以及其他可以证明您在实际从事渔业领域经营活动的证据。对于海水养殖业和其他经营活动而言，您可能需要持有开展经营活动所需的正式公司文件，或所有权证明或海床租赁证明，或者土地权属证明。

对污染所产生影响的描述

7.2.3 您应提供对自己的常规经营活动内容及活动时间、地点的简单描述；应说明自己的部分或全部经营活动对受污染区域的依赖程度。具体可以是关于您居住地的证明、污染地区的捕鱼许可证等证据或其他可证明您依赖于受污染地区且无法在别处经营的方式。捕鱼记录和表格也可能有所帮助。您还应解释自己可以用哪些方式使自己的损失最小化，以及污染是如何导致您遭受损失的。

经营活动记录、售货单及收据

7.2.4 即使没有正式官方记录，也应将手头可能有的所有经营活动记录包含在内。具体可包括捕捞日志、售货单或其他表明您捕获多少鱼的证据、为经营活动所购物品（如鱼食、包装材料、燃油或冰块等）的收据以及任何其他有助于1992基金计算清楚可能应向您赔付的具体金额的证据。基金需要知道您的经营活动在发生溢油事故之前的运营情况，所以也应包含所有可能在此方面有所帮助的信息。

账目

7.2.5 如果您有营业账目，这些账目（可能的话至少追溯到溢油事故发生前的3年）应在索赔时一同提交。上述3年期间的每月收支明细如有也应包含在内。溢油事故期间的收支明细可帮助计算出正常营业情况与溢油事故期间营业情况的差异。

捕捞作业或其他经营活动详情

7.2.6 如果能让1992基金充分了解您所从事的捕捞作业也是很有帮助的，例如使用何种装备、通常在何处捕鱼、常规工日的捕获情况、销售价格、每周捕捞天数以及任何其他细节。您也可以就以下情况给出相关信息：不同鱼类一年中最佳捕捞时间，是否会因天气状况不佳或没有鱼而导致某个季节无法捕捞。对于海水养殖从业者来说，还应提供常规库存、投饵以及收获模式等详细情况。

受污染的捕鱼设施或海水养殖设施

7.2.7 如果您的渔具或其他设施遭受油污污染且无法清洗，您应保存该渔具或设施待船舶保险人/1992基金所派代表进行检查。如果其遭受损害但尚可清洗或修理，则应在对其进行清洗或修理前拍照，以便1992基金估算出您清洗或修理所需的费用，您还应保存设施清洗或更换设施的所有收据或发票。在索赔时应明确说明装备已使用时间及其常规使用寿命，以便折算相应损耗。

照片

7.2.8 可能的情况下拍摄一些油污照片说明其对您经营活动的影响。如果您从事海水养殖经营，拍摄养殖场所内部或周围的油污照片会有所帮助。

其他来源赔款

7.2.9 应说明是否已经从政府或地方主管机关处获得其支付的任何款项或赔款，或在溢油事故期间是否有其他收入。通常，支付给参与清污作业的人员的少量款项在计算赔偿时是不纳入考虑范围的，但比方说如果您将自己的船舶出租供清污作业时使用，则支付给您的租金会从最终赔偿额中减去。

7.3 欺诈

1992 基金严肃对待提交欺诈材料的行为，如果发现提交欺诈材料来索赔，将保留通知相应政府主管部门的权利。

7.4 如果记录不全或者证据缺失该怎么办?

有些情况下，人们手头可以用来证明其正常收入水平的证据非常有限。如果您处于这种情况请勿担心，1992 基金在处理这些情况方面具有丰富经验；如果您真正遭受了损失，1992 基金也会想方设法，通常都能计算出合理的赔偿金额。如果您遇到困难，请告知船舶保险人 /1992 基金所派代表，他们会同情、理解您的处境并处理这些问题。请收集好手头哪怕是零星的证据，用于支持自己的索赔主张。请勿尝试“伪造”记录，因为这些记录不会被认可。提供伪造的文件用于支持索赔属于犯罪行为。

示例

收到索赔申请，索赔人是在距离溢油事故发生地不远处多岩石的潮下地带捕鱼的潜水员。潜水员在 10 m 水深处作业，并将其捕获的鱼直接销售给游客或海岸沿线的餐馆。他们声称溢油污染了其经常捕鱼地区的岩石，导致他们无法捕到鱼。该地区并未采取禁渔措施。

1992 基金的调查员前往索赔所涉及的地点，发现溢油并未污染到他们通常捕捞的鱼类，因为鱼类生活在水下，因而并未遭受附近可见污染的影响。调查还说明了潜水员在该时期工作的小时数以及其通常的捕获量。对当地市场的调查以及滨海地区的抽查发现，溢油事故发生后一段时间对鱼类的需求有所减少。调查结果还提供了通常捕获的鱼种及售价等相关信息。

根据提供的文件、调查结果以及对该地区市场和餐馆的调查等开展索赔评估。有关油污对海产品造成损害的索赔被拒绝，因为未发现对其产生污染。但由于对海产品的需求确实有所下降，评估人员对于正常营业受到溢油事故影响这一点达成共识，因此索赔金额计算如下：

中断捕鱼天数 × 平均日收入 × 潜水员人数 = 营业中断导致的损失
53 × 278 英镑 × 4 = 58 936 英镑

第八节 如何评估和支付赔偿？

8.1 对索赔的评估是在索赔人提供的证据以及所收集到的有关类似捕捞或相关经营活动的信息基础上开展的。受聘于船舶保险人/1992基金的专家会找您与您专门讨论您的经营情况，以便更好地了解相关具体信息以及污染所造成的影响。基金将尽力对您因油污污染遭受的实际损失进行公正评估，并将您恢复到发生溢油事故之前所应处于的经济水平。

8.2 仅船舶保险人/1992基金具有同意或拒绝某项索赔的决定权，对索赔进行评估的专家、技术顾问或任何当地办事处的工作人员都无权决定。

8.3 船舶保险人/1992基金对您的索赔进行评估后，将告知您他们认为基于相关各方的现有证据得出的合理赔付金额。该评估结果会以书面形式呈现，直接送达给您或者类似合作组织或商会等曾协助您提出索赔的机构。

8.4 通常会给出“完全而最终”的赔付决定。这意味着不会再另外考虑在该事故期间遭受的其他损失的索赔，也会要求您签署协议表示同意上述做法。如果您觉得在首次索赔的相关时间段后又遭受了损失，可以继续索赔，但会被与首次索赔区别开来，另外受理。

8.5 请注意1992基金可能必须处理成百上千项索赔申请。您的索赔将得到尽快评估，但1992基金需要花费一定时间来收集和交叉验证必要的相关信息，在所提交的索赔支持信息较少的情况下尤为如此。

8.6 有时会作出临时赔付决定，特别是在1992基金认为您因油污事故而陷入困难的情况下。临时赔付可能是在您的索赔评估结束之前作出的，涉及金额相对不大，该金额会在最终赔偿金额确定后从其中扣除。

8.7 如设立了当地索赔办事处，该办事处会安排赔付事宜。否则1992基金会联系您作出相应安排。会要求您提供身份证明文件，如护照、身份证或选民证之类。

8.8 如果对决定赔付给您的金额有异议，您应联系1992基金（如当地设立了办事处，联系当地办事处），并解释自己觉得赔偿金额不足的原因。如果您有新证据用于支持自己的索赔，也请将证据提交上来。基金也许会决定再次审核您的索赔并给出新的赔付额，也有可能认定之前的赔付决定是公正合理的。基金会联系您，并安排就该事项进行详谈。

8.9 如果仍不同意所给出的赔付金额，您有权在您所在国家向法院起诉。可以起诉油轮所有人、船舶保险人和1992基金，就您遭受损失金额的评估结果进行质疑。如果您想要就此类事项进行法律诉讼，建议参考《索赔手册》，也可征求您法律顾问的意见。

第九节 联系国际油污赔偿基金

9.1 如果发生重大溢油事故，1992 基金会在当地设立索赔办事处，该办事处的联系信息会在当地媒体和国际油污赔偿基金网站（www.iopcfunds.org）上公布。

9.2 1992 基金秘书处联系方式如下：

国际油污赔偿基金

英国

伦敦 SE1 7SR

艾伯特路堤 4 号

电话： +44 (0)20 7592 7100

传真： +44 (0)20 7592 7111

电子邮箱： info@iopcfunds.org

网址： www.iopcfunds.org

9.3 如果您需要就索赔事宜联系当地索赔办事处或者 1992 基金秘书处，须提供索赔编号或其他信息以确认身份。

9.4 您可在国际油污赔偿基金网站（www.iopcfunds.org）上获取 1992 基金《索赔手册》及其他有用文件。

备注

本手册是索赔表格示范样本，仅供参考及培训使用，旨在介绍证实索赔所需的信息类型，并根据不同类别的索赔分为不同的节。如发生事故，1992 基金通常会在其网站（www.iopcfunds.org）上对索赔提交程序进行解释说明，提供专为该事故编制的索赔表格和其他便利。

索赔表格

关于填写和提交索赔表格的介绍和说明

《索赔表格示范手册》中的索赔表格面向［1］船舶登记所有人 /［2］船舶保险人 / 和［3］国际油污赔偿基金（1992 基金）（统称赔偿方）[1]，用于索赔人向这些赔偿方提交油污损害方面的索赔时使用。

因油轮泄漏持久性油类而导致的油污损害索赔适用于《1992 年民事责任公约》和《1992 年基金公约》。这两部公约已经被［受影响国家］批准，并成为［受影响国家］法律的一部分。因此，因［船名］溢油而造成的污染损害索赔请求，将依据《1992 年民事责任公约》和《1992 年基金公约》的相关规定审核是否属于这两部公约的赔偿范围。

根据《1992 年民事责任公约》，因持久性油类泄漏造成的污染损害，油污受害者可对［1］肇事船舶的登记所有人（或［2］其保险人）提出索赔。

根据《1992 年基金公约》，如果索赔人在《1992 年民事责任公约》的赔偿范围内没有获得足额赔偿，［3］1992 基金可以提供额外的补偿。

如果索赔人遭受的损害发生在加入《补充基金议定书》的国家境内，而且肇事船舶所有人 / 船舶保险人和 1992 基金所提供的赔偿金额不足以赔偿已证实的所有损失的，则补充基金将主动考虑不足部分的损失赔偿问题。

请注意以下原则：

a. 索赔只针对《1992 年基金公约》缔约国境内的油污损害；

b. 索赔人必须提供支持性文件或其他证据证明其损失；并且

c. 索赔人必须能够证明采取了所有合理措施以避免损害的发生或减损。

如果您遭受污染损害并且希望提出索赔，您应该填写《索赔表格示范手册》中相关的索赔表格。

[1] 正文中提到“我们”“我们的”或“他们”是指：［1］船舶登记所有人，［2］船舶保险人，［3］1992 国际油污赔偿基金，统称赔偿方。

关于您的索赔

请仔细阅读以下注意事项：

索赔时效

在油污损害发生后，索赔人应尽早提出索赔。如果索赔人在事故发生后短期之内不能提交正式索赔，但打算后期提出申请的，建议索赔人尽早将该意图通知1992基金。

如果索赔人不在损害发生之日起3年内向船舶所有人或其保险人提出索赔，根据《1992年民事责任公约》要求赔偿的权利即告失效。但是，无论如何不得在引起损害的事故发生之日起6年之后采取行动，如该事故包括一系列事件，6年的期限须自第一起事件发生之日起算。[1]

此外，索赔人根据《1992年基金公约》第4条享有的赔偿权利的有效期为损害发生之日起3年内，除非在此期间索赔人依据公约第7条第6款提起了诉讼或进行了通报，否则该权利将会失效。无论如何，索赔人提起诉讼或进行通报的时间不能超过引起损害的事故发生之日起6年[2]。

如果索赔人不能妥善处置自己的索赔请求，建议寻求法律咨询，以避免索赔时效过期。如果索赔人已经采取行动以保护其对1992基金的索赔权，那么他们从补充基金得到任何额外补偿的权利将自动受到保护。我们可应要求随时提供关于索赔时效的更多信息，强烈建议您尽早提交索赔和所有支持性文件。

减少损失

您应当尝试通过各种方式（例如采取经济的应急反应措施，寻找其他工作或赚钱方式，推广您在其他市场的活动或到其他可选择的水域捕鱼等）减少损失。

您应当在遭受损失时立即通知船舶保险人/1992基金，他们或许能够帮助您减轻进一步的损失。您还应该妥善保存损坏的财产，以便船舶保险人/1992基金所雇用的专家可以评估损坏的财产和损害程度。

预期损失

您不可以就未实际发生的收入损失或损害提出索赔。

[1] 《1992年民事责任公约》第8条。
[2] 《1992年基金公约》第6条。

代理 / 顾问

雇用索赔代理或顾问来协助准备索赔并不是必须的，船舶保险人 /1992 基金将很乐意回答您的问题，协助您准备索赔并填写索赔表格。

赔偿金额

根据《1992 年民事责任公约》和《1992 年基金公约》，对于所有合理且有效的索赔，索赔人可以获得的最高赔偿金额为[适用于该事故的特别提款权等值货币]。该金额为赔偿上限，实际支付的赔偿金额取决于经证实的损失情况。补充基金还可提供额外的赔偿金额。

按比例支付

如果通过审核的索赔总额超过两部 1992 年公约所规定的赔偿总额，则向每一索赔人支付的赔偿额将按比例减少。当出现这种情况的风险时，1992 基金可能必须控制赔付操作，以确保所有索赔人得到平等待遇。随着潜在索赔总量的不确定性降低，1992 基金的支付比例在索赔后期可能会提高。

临时索赔

如果您索赔长期的收入损失（例如渔民因长期禁渔的损失而提出索赔），您不必等到所有损失发生的时间段结束才提出索赔。您可以每隔一段时间（例如每月）提交一次索赔表格，赔偿方将对每个时间段的收入进行评估，并据此支付赔偿款项。

索赔人的平等待遇

所有索赔人都将得到平等对待，在索赔时效到期之前最晚提出索赔的索赔人，享有与事故发生后的早期就提出索赔的索赔人相同的权利。

如何填写索赔表格

请仔细阅读以下注意事项：

《索赔表格示范手册》分为 3 部分。**您必须完成并提交每个部分：**

第一部分

索赔人详情——索赔的个人、企业、政府部门或国家的相关信息。

第二部分

索赔的详细情况——因污染而导致的损失和 / 或损害情况。请选择合适的索赔类别（见下文），并填写与您的索赔类别相对应的节表格。您必须填写您要索赔的每个类别费用对应的表格，请使用本手册提供的每个索赔类别的清单。

第三部分

索赔声明书——索赔人应当声明其索赔是真实而准确地反映了其损失。船舶保险人和 1992 基金将严肃对待欺诈性文件，如果发现索赔人为支持索赔而提交了欺诈性文件，他们将保留通知相关国家主管机关的权利。

索赔人签署了索赔声明书，即视为其已同意向涉及赔偿事务的相关当事方披露索赔表格中所载的信息和所包含的任何支持性证据材料。相关当事方系指船舶保险人和 1992 基金以及他们所雇用的专家、对事故具有管辖权的特定法院。

索赔人必须签署《索赔表格示范手册》最后所提供的索赔声明书（见第 3 部分）。**如果未签署索赔声明书，您的索赔申请将不予考虑。**

选择索赔类别

1992 基金将油污造成的损害归纳为 5 类，如果您有一个或多个类别的索赔，则应填写《索赔表格示范手册》的相应节表格：

索赔类别	填写表格
清污和预防措施费用	A 节表格
财产损害（例如清洁、修理或更换船壳等已被污染的财产）	B 节表格
捕捞业、海水养殖业和水产加工业经济损失	C 节表格
旅游业和其他相关商业经济损失	D 节表格
其他损失，包括恢复环境的合理措施费用和溢油后的研究费用	E 节表格

各类别索赔项目的可获赔范围概述

A – 清污和预防措施费用

以下合理措施所产生的费用可获得赔偿：

- 调动清污设备 / 应急资源；
- 监控溢油；
- 海上清污；
- 保护易受油污影响的资源；
- 海岸线 / 沿海设施的清污；
- 提供当地接收设施的费用，用于受污染野生动物的清洗、康复和处理（根据事故规模选择合适的设备）；
- 油污以及含油废弃物的处理；
- 从沉船残骸中抽油。

B – 财产损害

以下合理费用可获得赔偿：

- 被油污污染的财产，例如船壳、渔具和海水养殖设施等的清洁、修理或更换费用；
- 被油污污染的发电站、海水淡化厂、渔场等需抽吸海水的工业生产设施的取水口及机械设施和设备的清洗费用；
- 对设备和基础设施的损坏，例如清污行动对道路、码头和堤岸的损坏等的费用（需要考虑事故发生前的该财产状况，维修和正常保养计划所带来的任何改善）。

C – 捕捞业、海水养殖业和水产加工业经济损失

以下捕捞业、海水养殖业和水产加工业经济损失费用可获得赔偿：

- 财产所有人因油污污染导致的收入损失（间接损失），例如渔民或海水养殖设施的所有人因渔具 / 渔网受到污染，造成他们不能捕鱼或者渔具清洁或更换期间所遭受的损失；
- 财产所有人的财产虽然没有受到污染，但因污染导致其无法工作或失去收入所遭受的损失（纯经济损失），例如渔民为了防止自己的渔具等遭受污染而停止捕鱼所导致的经济损失，或者渔民因政府强制执行的禁渔令而无法捕鱼所产生的损失。

D – 旅游业和其他相关商业的经济损失

以下费用可获得赔偿：

- 旅游业或收入主要来自游客行业的利润损失；
- 采取合理措施的费用，例如针对性的营销活动，旨在抵消重大污染事故可能造成的负面影响以预防或减少经济损失。

E – 其他损失，包括恢复环境的合理措施费用和溢油后的研究费用

以下费用可以获得赔偿：

- 可以用货币量化的经济损失，例如非营利性海洋公园的收入减少；
- 为确定溢油对环境造成的损害的性质和程度以及恢复措施的必要性和可行性而开展的合理研究所产生的费用；
- 对受污染的环境所采取的在技术上、经济上和环境方面可行的合理修复措施费用。采取的合理修复措施的目标应是重新建立一个生物群落，其中有溢油时该群落特有的生物，并且这些生物能正常活动。

支持每类索赔所需的具体支持性证据材料等，请详见《索赔表格示范手册》以下每节开头所列的清单。

关于每个索赔类别所适用标准的更多信息，请参见《索赔手册》。

支持您索赔的证据材料

索赔人必须提供适当的证据材料来证明损失。证据类型包括油污损害的照片或者视频、商业活动被取消的信函、收据、发票、销售记录、税务账户等。可以根据索赔费用类别参阅《索赔表格示范手册》的相关具体节，以获取关于所需证据的详细指导。支持索赔的证据材料的**原始文件**必须与索赔表格一同提交。建议您保留所有提供给我们的证据材料的复印件，以确保您自己有这样一套档案。

索赔表格填写注意事项

1. **在索赔时效内，只有在您提供了足够的信息来证明所遭受的损失时，您的索赔才会被评估。**如果您无法提供此类证据，请联系船舶保险人/1992基金，寻求提出索赔的最适当方法的建议。

2. 如果某问题需要您选择"**是**"或"**否**"的答案，请在相关答案旁边输入一个"×"。

3. **请参阅1992基金《索赔手册》提供的信息，**该手册对是否可以索赔提供指导，也会根据索赔的类别提示具体适用的1992基金索赔指南。这些文件可以从国际油污赔偿基金网站（www.iopcfunds.org）的出版物一栏中下载。此外，您也可以通过后附地址或者通过网站与国际油污赔偿基金取得联系，以获得1992基金《索赔手册》或其他特定索赔指南的纸质文本。

4. 请参阅每个索赔类别的清单，其提供了您需提交的详细信息，以支持您的索赔。

5. 强烈建议**您保存寄送给我们的各项索赔材料的复印件**，以防在邮递过程中材料丢失，或者在后期阶段有所需要。请注意所有支持性文件只能应要求才能被退回，并且通常只有在索赔处理完毕后才予以返还。

6. **妥善保存任何遭到损坏并无法修理的财产原物**，直到船舶保险人/1992基金指派的专家对该受损财产完成审查，且/或明确同意处置该财产为止。

7. 如果您在填写索赔表格时需要任何帮助，请联系船舶保险人/1992基金，他们很乐意回答您的问题，并协助您准备索赔材料。

8. 您必须尽可能完整且准确地填写索赔表格，以避免在索赔过程中因索赔表格填写不准确或不完整导致的任何延误。

如何提交索赔

如发生事故，1992基金通常会在其网站（www.iopcfunds.org）上对索赔提交程序进行解释说明，提供专为该事故编制的索赔表格和其他便利。**您在提交索赔时需尽快同步提交所有的支持性文件和签过名的索赔声明。**

后续事宜

根据您的索赔材料中提供的信息，专家将对您的索赔进行审核(他们可能会拜访您)。

EXAMPLE

专家将向船舶保险人/1992 基金报告调查结果，船舶保险人/1992 基金据此对您的索赔作出赔付决定。之后会告知您调查评估的金额。在您签署收据和确认表格后，您就将获得赔偿。

在您的索赔被评估之前，很难告诉您整个索赔和获赔过程需要多少时间。这取决于您是否提供了足够详细的材料和信息来帮助评估您的索赔请求、您的索赔请求的复杂程度以及同期其他索赔案件的数量。我们将尽最大努力确保您的索赔得到公正、准确的评估。如果您对索赔有任何疑问，请联系船舶保险人/1992 基金。

典型索赔提交步骤示例

您在 1992 基金缔约国境内因油轮污染事故而遭受了油污损害吗?

是

请填写第一部分的索赔表格

选择索赔类别，并填写第二部分的相应索赔表格

整理汇编您的索赔支持性文件

打印并签署第三部分的索赔声明书

如何填写索赔表格

电子表格方式

请将第一、第二部分，以及签过字的第三部分索赔声明书扫描件发送到我们指定的电子邮箱。

书面手写方式

请将第一、第二和第三部分的材料邮寄到我们指定的地址。

请等待反馈给您的接收确认收据和索赔编号

电子表格方式：如果您已汇编完成所要求的支持性文件后，用索赔编号进行标注，请将所有电子材料发送到指定邮箱，同时将所有原始文档，包括索赔声明书原件，邮寄至我们指定的地址。

书面手写方式：如果您已汇编完成所要求的原始支持性文件后，请用索赔编号进行标注，并将材料邮寄至我们指定的地址。

请提供索赔编号以查询案件的进展情况

** 如果您有扫描仪，请扫描所有材料，在邮寄之前发送到我们指定的电子邮箱。*

第一部分

索赔人详情

索赔编号（仅供内部使用）

EXAMPLE

索赔人详情

1. 职位：	
2. 名：	
3. 姓：	
4. 年龄：	
5. 出生日期（日 / 月 / 年）：	
6. 社保号码 / 国家参考号 / 身份识别号（如适用）：	
7. 企业名称 / 合伙公司名称 / 社团名称 / 合作社名称 / 公司名称 / 公司编号 / 政府部门或机构名称 / 其他（如适用）：	
8. 您是作为索赔主体的上述企业的唯一所有人或者政府机构等的唯一授权代表吗？请选择填写：	如适用请打“×” 是 ☐ 否 ☐
如答案为否，请描述索赔人与该企业的关系：	
9. 联系方式（请在以下您希望的联系地址对应框内打“×”并注明地址）：	
（a）☐ 索赔人地址：	地址：
索赔人的电话号码、传真号码和电子邮箱、地址：	电话： 传真： 电子邮箱：
（b）☐ 办公地址（如果与前述地址有区别的话）：	地址：
办公电话号码、传真号码和电子邮箱、地址：	电话： 传真： 电子邮箱：

第二部分 A 节

清污和预防措施费用

填写清污和预防措施费用的索赔表格

本节索赔表格仅适用于清污和预防措施费用的索赔。对于其他类别损失的索赔，请参考《索赔表格示范手册》的其他节。

为避免您的索赔请求被延迟处理，您须尽可能全面而准确地填写表格。如果在索赔表对应栏目内填写不下，**请您另附页并清楚标明附页内容对应哪一栏目问题，并使用报表来提供详细信息**。请提供您所支付的所有税金 / 征收款的详细信息，包括支付的金额及收款人等。**请注意您必须提供证明文件或其他证据以支持您的索赔**。

赔偿范围

以下合理措施所产生的费用可获得赔偿：

- 调动清污设备 / 救助资源；
- 监控溢油；
- 海上清污；
- 保护易受油污影响的资源；
- 海岸线 / 沿岸设施的清污；
- 提供当地的接收设施用于受污染野生动物的清洗、康复和处理（根据事故规模选择合适设备）；
- 油污以及含油废弃物的处理；
- 从沉船残骸中抽油。

如需更多可获得赔偿的相关索赔类别信息，请参见《索赔手册》（可在国际油污赔偿基金网站 www.iopcfunds.org 出版物一栏获取）及下述清单：

清单

要求提供下列与清污索赔有关的信息：

- 划定溢油污染区域，描述污染程度并标明受污染最严重的区域（可通过地图或海图说明，并辅以照片、视频或其他记录媒介）。
- 将油污与事故船舶联系起来的实验室分析结果和 / 或其他证据（如油样的化学分析结果，相关的风、潮汐及水流的数据，浮油漂移的观测结果及标绘图）。
- 工作概述，包括海上、沿岸水域和岸上作业情况的描述和理由论述，以及为何采用此种方式的说明。
- 开展某项工作的日期，标明各作业点开展的具体工作。
- 人员费（应急反应人员的数量和类别、雇主的名字、工作小时数和天数、正常薪资或加班费费率、薪水或其他费用的计算方法或费率依据）及相关信息（发票、收据、工作表及工资记录、工作日志、甲板日志等）。请标明雇用人工的各作业点。

- 应急反应人员的交通费、住宿费及生活费。
- 设备费（所使用的设备型号、供应商、租赁费用或购置费用、租赁费用的计算方法、使用数量、使用期间）和相关信息（发票、合同、租赁或者包租协议、工作表、使用日志等）。请对每台设备使用的工作地点进行区分。
- 已经损坏并不能进行适当维修的设备的更换费用（设备种类和已使用时间、设备供应商、原始购买价格、损坏情况并附有照片、视频或其他记录材料加以证实）。
- 易耗品（品名、供应商、数量、单价和使用地点）及相关信息（购买订单、发票、收据等）。
- 专门为本起油污事故清污购买的设备和相关材料在作业结束后的剩余价值。
- 并非专门购置，但在本起油污事故中投入使用的设备的折旧。
- 人员、设备、废弃物等的运输费用（动用的车辆、船舶和飞机的数量和类型，作业的小时数或天数，路程的起点及终点，租赁费率或作业费用，索赔费用计算方法）和相关信息（票据、称重报告、清单、使用日志等）。
- 临时储存费（如适用）以及最后处置回收油和油污物质的费用，包括废弃物处置的数量、单价及索赔费用计算方法。

请确保提供所有需要的文件材料，包括上述所列的与您索赔相关的文件材料。

建议以报表的形式提供上述信息，特别建议将支持文件附在索赔项目费用上。

如需进一步信息，请参阅 1992 基金《索赔手册》3.1 和《清污及预防措施索赔指南》。

您的索赔要点

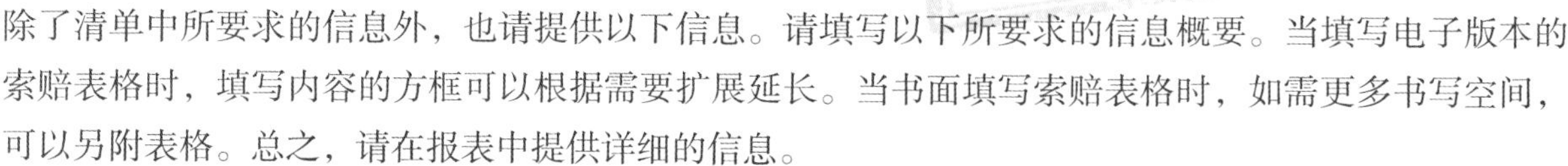

除了清单中所要求的信息外，也请提供以下信息。请填写以下所要求的信息概要。当填写电子版本的索赔表格时，填写内容的方框可以根据需要扩展延长。当书面填写索赔表格时，如需更多书写空间，可以另附表格。总之，请在报表中提供详细的信息。

1）工作概述（在海上、沿岸水域和岸上作业情况的描述和理由论述，以及为何采用此种方式的说明）。

2）在某个区域采取清污及预防措施的详细信息。请提供标注的地图 / 海图及照片（如果有）来证明采取清污行动的地点。

3）采取上述清污及预防措施的日期。

4）采取清污及预防措施的详细描述。

5）从事清污人员的详细信息，包括：

a. 雇用人员的数量和人员职责；

b. 工作小时数和天数，日费率 / 小时费率以及加班费率（详述计算方法、其他人员费等）；

c. 应急反应人员的差旅及住宿费用；

d. 应急反应人员餐饮、个人防护装备、通信等费用汇总。

6）所使用的清污设备的详细信息。**请另附表格提供完整信息，并与您的索赔表格一起提交。**也请提供有关设备如何使用、在何处使用方面的信息以及完整的设备技术说明书（包含设备制造商、性能等）。

对于费用较高的项目，诸如船舶或飞机、废弃物处置、建立野生动物康复中心或从沉船残骸中抽油等，请参见本节结尾所列各分表，其对各类型索赔都有详细信息要求。

对用于清污及应急反应所自有、使用或租用的设备，您可以使用下面表格模板填写各种索赔项目信息。相关表格模板可在国际油污赔偿基金网站下载。

A 索赔人自有设备所要填写的表格（设备类型、购买费用及残值、运输费用、日费率及使用期间）

自有设备	购买日期	购买费用	使用后残值	运输费用		日费率		使用期间（天数）						费用合计
				运送	送回			星期一	星期二	星期三	星期四	星期五	其他	
						使用								
						待命								
						使用								
						待命								
6A– 总计														

B 从第三方租用的设备所要填写的表格（设备类型、运输费用、使用费用及使用期间）

租赁设备	租赁日期	运输费用（如适用）		日费率		使用期间（天数）						费用合计
		运送	送回			星期一	星期二	星期三	星期四	星期五	其他	
				使用								
				待命								
				使用								
				待命								
6B– 总计												

C 索赔人购买的设备所要填写的表格（设备类型、购买费用和使用期间、运输费用）

所购买的设备	购买日期	购买费用	单价	使用后残值	运输费用（运送）	设备的储存和使用		使用期间（天数）						费用合计
								星期一	星期二	星期三	星期四	星期五	其他	
						在库待命								
						发货供使用								
						在库待命								
						发货供使用								
6C– 总计														

7）如在采取清污行动及预防措施的过程中有任何设备损坏，标明损坏情况、维修／整修或更换费用。

8）回收的油、含油废弃物和被油污染的产品的储存或处置费用（说明废弃物的数量和处理方法）。

9）其他费用或支出总额，如：飞机租赁、船舶租赁、废弃物处置、野生动物治疗中心建立、沉船残骸抽油等。

计算索赔总金额

下表可作为索赔总金额计算示例，您也可使用其他方法和图表，不管您使用哪种方法，请务必提供计算索赔总金额方法的有关说明：

项目		
项目 5：人员费用（$5b+5c+5d$）	+	
项目 6（A）：自有设备的购买价格	+	
项目 6（B）：设备租用费用	+	
项目 6（C）：设备采购费用	+	
项目 7：设备修理费用	+	
项目 8：油或含油物品的存储、处置费用	+	
项目 9：其他费用 / 开支	+	
合计	=	

其他需填写的信息

本索赔中提及的损害已全部或部分投保了吗？ 是 ☐ 否 ☐

如果选择“是”，请进一步提供以下详细信息（保险公司的名称、保险类型、索赔提交情况、获赔金额、投保金额、责任免除等）。

请提供您因本次事故提出的其他索赔申请的详细信息。

提供您已获得的赔偿或者其他形式的收入（如国家或者组织的应急基金、慈善捐款等）或您将会收到的与此事故相关的收入的详细信息（付款人姓名、已收金额等），如没有则填写无。

您是否就此索赔提交了附加页 / 文件？ 是 ☐ 否 ☐

如有请注明。

请提交以上索赔费用的所有支持文件及证据。

大项设备费用索赔所需的其他信息

以下列表并非详尽无遗。

飞机租赁：

飞机类型、制造商、呼号、包机期、包机费用（包括每小时飞行费率和计算费率的方法），工作细节和工作量（例如喷洒溢油分散剂、空中观察溢油、人员或设备运输等），飞行次数、日期、时间和操作区域、天气条件，喷洒分散剂的量（如适用），飞行机组人员详细资料和乘客详情（包括在应急反应中的角色和职责以及飞行的原因），货物清单（如适用），使用的设备（例如为了喷洒或观察使用的），观察报告（例如提交给事故指挥中心的），燃料消耗，飞行机组人员的住宿和餐饮费用，着陆和其他机场费用。请提供每次飞行的日志以及任何相关的包机协议或征用合同。

船舶租赁：

船舶名称、登记号、规格（结构、船长、功率、存储容量、配员），实施的工作详情（包括石油回收、分散剂应用、废弃物运输等），使用的设备（例如喷洒臂、收油机等），燃料和润滑油等的消耗，租用周期，光租/租赁费用，租赁费率（包括费用的具体计算方法），作业区域和日期（请在海图上予以标注并提供截图），天气条件，使用的耗材量（例如分散剂、吸附剂等的消耗量），增加的工作人员和乘客的详细信息（包括其在应急反应中的作用和职责以及上船理由），运输的废弃物或其他货物的类型和数量，人员遣散费用和清洁费用，港口费。请提供每航次的日志和任何相关租用协议、运送合同或召回合同。

废弃物处置：

收集的废弃物的来源地点（例如海滩名称或图表参考），收集的废弃物的运输目的地或递送点、运输形式，每次从废弃物收集点运输到目的地的废弃物的类型和体积或重量，人员费用（工作时间、工资费率），使用的设备（例如卡车、挖掘机、翻斗车等）和租赁费率，临时储存成本费用（如适用），处置类型和费用，处理后废弃物的残值，费用的计算方法。

野生动物治疗中心建立：

应提供一份关于建立治疗中心的详细依据，以及治疗方法、治疗中心的地点、收集受油污污染的野生动物的地点的详细信息（包含地图、海图、照片或视频、采取的措施简介）、清理受油污污染的野生动物的方法、工作日期、治疗被油污污染的动物的数量、成功放归受油污污染野生动物的数量、人员费用（工作时间、工资费率），人员的交通、住宿和生活费用，野生动物治疗中心的设备和材料费用（使用的设备类型比如卫生设备、候宰栏、运输工具等，租用或者购买的费用，使用的数量及期间），中心运营成本（采暖、电力、水、通信等费用），消耗材料费用（比如个人防护设备、动物饲料等费用），设备及建筑材料的剩余价值等，在运营结束时从公

众收到的捐款（包括筹集募集资金的运作成本、如何使用资金的说明）。任何关于服务的协议或合同以及发票等也应提供。

船舶残骸抽油：

从船舶残骸中抽取油的详细依据，包括残骸中泄漏剩余油品的可能性（例如，由于结构损坏或腐蚀等）和沉船所处海床位置的稳定性（例如科学支持和工程数据），船上剩余油品的数量、类型和组成，可能导致的污染损害细节，进一步排放残油可能导致的环境损害，从经济和环保角度来看最可能受到进一步排污影响的区域受污染程度，技术可行性和作业成功的可能性（考虑到能见度、潮流、附近其他沉船的存在，以及沉船所处的深度是否符合设想，使得作业可能成功进行）。抽油作业费用的全部细目，包括每艘船、泵、人员、潜水设备、水下机器人、其他救助设备、间接费用和管理费用在内。应完整列出勘探和规划工作的成本。应提供回收的任何残油的剩余价值，以及对其处理或销售的全面描述。应提供招标文件和合同副本以及发票和收据等。

第二部分 B 节

财产损坏

EXAMPLE

填写财产损坏的索赔表格

本节的索赔表格仅适用于财产损坏的索赔。对于其他类别损失的索赔，请参考《索赔表格示范手册》的其他节。

为避免您的索赔请求被延迟处理，您应尽可能全面而准确地填写表格。如果在索赔表对应栏目内填写不下，请您另附页并清楚标明附页内容对应哪一栏目问题。

您必须提供证明文件或其他证据来支持您的索赔请求。如果对被损财产进行过勘验评估，请提供勘验评估报告的副本。请提供您所有已支付的税金/征收款的详细信息，包括支付的金额和收款人等。

在船舶保险人或者 1992 基金指派的专家未审查前，**请务必妥善保管任何遭到损坏并已无法修理的财产原物**，直至他们审查该财产和/或已明确同意处置该财产为止。

赔偿范围

采取以下合理措施所产生的费用可获得赔偿：

- 船舶、渔具和海水养殖设施等财产遭受溢油污染产生的清洁、修理或更换费用。
- 被油污污染的发电站、海水淡化厂、渔场等安装的取海水所用的进入口、机器和设备等工业装置产生的清洁费用。
- 道路、码头和堤岸等基础设施因油污清理行动导致的损坏费用。

费用的金额方面需考虑事故发生前该财产的实际状况，包括维修所带来的改善情况和正常维修计划。

如需进一步获取可获得赔偿的相关索赔类型信息请参见《索赔手册》（可在国际油污赔偿基金网站 www.iopcfunds.org 出版物一栏获取）及下述清单：

清单

要求提供与财产损害索赔有关的信息：

- 财产的污染损坏程度和关于损坏如何发生方面的说明。
- 被损毁、损坏或需要清洗、修理或更换的受损物品（例如渔船、渔具、道路、服装）的描述和相关照片，包括其地点。在可能的情况下，还应提供被油污污染前的物品照片，以便清楚地了解将物品恢复到被油污污染前的状态所需采取的工作及其程度。
- 被损设备的原始购买价格与收据/发票。
- 修理、清洁或更换物品的成本，包括表明人员费、购买等的明细。
- 费用支出的发票。
- 被更换的受损物品的折旧。
- 相关财产的正常的日常维修和保养计划信息。
- 请声明您是否就此事故获得过额外收入。

如需要其他信息请参阅 1992 基金《索赔手册》3.2。

您的索赔要点：

1）简要描述受损财产并解释损害是如何发生的。请提供细节照片，并对照片作对应标记以表明这些照片所显示的内容与索赔项目的相互关系。

2）您是受损财产的唯一所有人吗？ 是 ☐ 否 ☐

如果填否，请补充说明谁是实际所有人，并说明您作为索赔申请人与该财产之间的关系。

3）描述对被污染财产采取的维修或清洗等操作措施的情况或者更换被污染财产的费用情况。

4）与受损财产相关的许可证号码 / 登记号码（如适用，例如渔民）。

5）对被污染的货物进行修理或清洁的日期，或者重新购买并更换的日期。

6）被污染的财产的日常维修或更换计划方面的详细信息。

7）请详述人工情况：

a. 雇用的人员数量和人员的职责；

b. 工作天数 / 小时，天 / 小时工资费率和加班费率（注明计算方法，其他人员费用等）；

c. 涉及修理或清洗工作人员的交通费用和住宿费用；

d. 参与应急措施的人员产生的餐饮、个人防护装备、通信等费用汇总。

8）请详述设备情况：

a. 设备的购置价格；

b. 以天 / 小时（请注明）计算的设备租赁费用；

c. 设备使用的持续时间（天 / 时 – 请注明）。

9）发生的其他费用或者支出（如评估检测费）的详细信息。

10）购买的设备或货物的残值。

11）被更换的受损货物的已使用时间。

计算索赔总金额：

下表可作为索赔总金额计算的示例，您也可使用其他方法和图表，不管您使用哪种方法，请务必提供计算索赔总金额方法的有关说明。

项目		
项目 7：人员费用（7*b* +7*c* + 7*d*）	+	
项目 8：所使用的设备费用 [总计 = 8*a* +（8*b* × 8*c*）]	+	
项目 9：其他费用（如评估勘验费用）	+	
项目 10：已购置设备的残值	–	
总计	=	

其他需填写的信息：

本索赔中提及的损害已全部或部分投保了吗？ 是 ☐ 否 ☐

如果选择"是"，请进一步提供以下详细信息（保险公司的名称、保险类型、索赔提交情况、获赔金额、投保金额、责任免除等）。

请提供您因本次事故提出的其他索赔申请的详细信息。

提供您已获得的赔偿或者其他形式的收入（如国家或者组织的应急基金、慈善捐款等）或您将会收到的与此事故相关的收入的详细信息（付款人姓名、已收金额等），如没有，则填写无。

您是否就此索赔提交了附加页 / 文件？ 是 ☐ 否 ☐

如有请注明。

请提交以上索赔费用的所有支持性文件及证据。

第二部分 C 节

捕捞业、海水养殖业和水产加工业经济损失

填写捕捞业、海水养殖业和水产加工业经济损失索赔表格

本节的索赔表格仅适用于捕捞业、海水养殖业和水产加工业经济损失的索赔。对于其他类别损失的索赔，请参考《索赔表格示范手册》的其他节。

为避免您的索赔请求被延迟处理，您应尽可能全面而准确地填写表格。如果在索赔表对应栏目填写不下，请您另附页并清楚标明附页内容对应哪一栏目问题。

您必须提供证明文件或其他证据来支持您的索赔请求。如索赔人为个人，则提交的材料应包括事故发生前连续 3 年期间的退税记录。如果您以个人或企业 / 集团的名义提出索赔，请提供其所有缴税 / 征收款的支付情况，包括支付的金额以及付款收据。请提供事故发生前 3 年期间的许可证（如根据国内法需要许可证）。

请务必妥善保管任何遭到损害并已无法修理的财产原物，直至船舶保险人 /1992 基金指派的专家进行审查，和 / 或已明确同意处置该财产为止。

赔偿范围

捕捞业、海水养殖业和水产加工业可获得赔偿的范围包括：

- 财产所有人因财产被油污污染导致的收入损失（间接损失），例如渔民或者养殖设施的所有人，其渔具 / 网具被污染，在其渔具进行清洗或更换期间无法捕鱼，可能会遭受的损失；
- 受损人其财产并未遭受油污污染，但由于油污污染导致其无法工作或因为油污污染导致其收入受损（纯经济损失），例如渔民可能会为了防止其渔具遭受油污污染而决定不去捕鱼，或者由于政府实施禁渔令而无法去工作，因而会遭受的经济损失。

索赔人也应采取措施尽量将损失最小化。

污染引起的经济损失也可获得赔偿。为使这一节的渔业相关索赔具备获赔资格，污染与损失或损害之间的因果关系应足够紧密。

如需进一步获取可获得赔偿的相关索赔类型信息，请参见《索赔手册》及此类别的索赔指南（可在国际油污赔偿基金网站（www.iopcfunds.org）出版物一栏获取）及下述清单：

清单

1. 捕捞业

要求提供与捕捞业经济损失索赔有关的信息：

- 船舶类型；
- 船舶尺寸；
- 许可证编号；
- 停泊基地；

- 渔区；
- 作为合作组织的成员的编号 / 详情；
- 损失性质，包括表明所称损失由污染引起的证据；
- 每月捕鱼天数；
- 受损期间以及之前 3 年的每月收入明细；
- 前 3 年的委托销售记录；
- 捕获产品的种类；
- 在可能的情况下，给出受损期间以及之前 3 年期间所捕获的每种海产品数量（千克）的月度明细；
- 节省下来的费用或其他常规可变支出（销售提成、燃油、燃气及电费、鱼食费、冰块、包装及保养费）；
- 节省下来的人员费（如果解雇了员工）；
- 损失计算方法；
- 所采取的通过抵消污染对渔业活动负面影响来防止或最小化纯经济损失的任何措施详情，包括具体描述和产生的费用；
- 请说明您是否因这起事故获得过额外收入。

2. 海水养殖业和水产加工业

与海水养殖业和水产加工业相关经济损失索赔有关的信息提供要求：

- 经营地址；
- 所有权证明；
- 许可证编号；
- 生产单位编号；
- 各生产单位或生产设备区的面积；
- 损失性质，包括表明所称损失是由污染引起的证据；
- 受损期间以及之前 3 年的每月收入明细；
- 前 3 年的委托销售记录；
- 生产、收获或加工的产品种类；
- 在可能的情况下，给出受损期间以及之前 3 年期间所收获或加工的每种海产品数量（千克）的月度明细；
- 节省下来的开销或其他常规可变支出（销售提成、燃油、燃气及电费、鱼食费、冰块、包装及保养费）；
- 节省下来的人员费（如果解雇了员工）；
- 损失计算方法；
- 所采取的通过抵消污染对渔业活动负面影响来防止或最小化纯经济损失的任何措施详情，包括具体描述和产生的费用；
- 请说明您是否因这起事故获得过额外收入。

如需其他信息请参阅《索赔手册》3.3 和《捕捞业、海水养殖业及水产加工业索赔指南》。

索赔编号（仅供内部使用）

您的索赔要点

1）简要描述从事的活动 / 经营类型，如捕捞 / 海水养殖 / 水产加工。

2）简要描述所索赔的损失。

3）实验室分析结果和 / 或将遭受的污染与事故船舶关联性的其他证据。

4）使用的船舶类型和尺寸（如适用）。

5）船名，捕鱼许可证 / 登记编号（如适用）。

6）合作 / 捕鱼协会成员情况（如适用）。

7）捕捞 / 海水养殖 / 水产加工企业所有人姓名。

8）索赔人是否是上述企业 / 船舶 / 业务的唯一所有人？是 ☐ 否 ☐

如果不是，请告知该企业 / 船舶 / 业务所有人姓名，及其与索赔人之间关系属于何种性质。

9）索赔人的企业或者业务是否受因事故而采取的禁渔令影响？是 ☐ 否 ☐

如果填“是”，请给出禁渔令的类型和期间（起止时间）。

10）您的企业是否受配额限制？是 ☐ 否 ☐

如果是，请提供更多细节。

11）船籍港所在地及企业的捕鱼地点 / 营业 / 业务日常所在地。此外，请另在地图或海图上标明地址或坐标。

12）日常捕获 / 生产 / 收获 / 加工的产品种类详情。

13）您在禁渔令期间开展捕捞作业的其他地点详情。

您的索赔损失要点

14）简要描述所产生的损失，并说明损失是如何发生的。

15）索赔起止阶段：

自 ________________ 至 ________________。

16）被污染时这些养殖产品已养殖的时间及其正常的计划收获期等情况。

索赔捕捞 / 海水养殖 / 水产加工受损期间每月的收入以及之前 3 年的的每月收入

下表中应完整填写**事故发生前 3 年**以及索赔阶段的内容。如必要，请另附纸张并作清楚标识，说明其指向的是哪个问题、哪个时间段。可从国际油污赔偿基金网站下载此表格模板及其他类似表格。

行动日期或阶段		捕捞 / 收获的种类	捕获 / 收获 / 出售的体积或重量	出售当日每千克价格	每月收入	
月	年				毛收入	净收入
				合计		

17）索赔阶段的净损失合计（根据上表计算）。

节省的费用详情

18）节省的开销或其他常规可变支出（销售提成，未购买或使用的燃油、燃气及电费，喂养成本，冰块、包装及保养费，鱼、鱼食等费用）（节省的人员费用，请见下面的第 19 条）。

19）节省的人员费用（如解雇了人员 / 职员或其工作时间减少）。

20）所采取的预防或最小化纯经济损失的措施详情，包括描述和费用。

21）在您的商业 / 作业活动受影响期间，您所获得的其他收入详情（例如参与清污行动、其他任务所获得的报酬等）。

计算索赔总金额

下表可作为索赔总金额计算的示例，您也可使用其他方法和图表，不管您使用哪种方法，请务必提供计算索赔总金额方法的有关说明。

第 17 项：索赔期间的损失金额		
第 18 项：节省的开销或其他常规可变支出	–	
第 19 项：节省的人员费用	–	
第 20 项：为将损失最小化而产生的费用	+	
第 21 项：获得的其他收入	–	
合计	=	

为计算您的损失

收入损失估算值为索赔周期内的收入（不包括税）与在未发生事故的情况下同期应获得的收入之间的差额。此计算方法中所使用的收入应建立在企业实际可获得的收入基础上，而不是对未来损失的估计值。

其他需填写的信息

本索赔中提及的损害已全部或部分投保了吗？ 是 ☐ 否 ☐

如果选择“是”，请进一步提供以下详细信息（保险公司的名称、保险类型、索赔提交情况、获赔金额、投保金额、责任免除等）。

请提供您因本次事故提出的其他索赔申请的详细信息。

提供您已获得的赔偿或者其他形式的收入（如国家或者组织的应急基金、慈善捐款等） 或您将会收到的与此事故相关的收入 的详细信息（付款人姓名、已收金额等），如没有则填写无。

您是否就此索赔提交了附加页 / 文件？ 是 ☐ 否 ☐

如有请注明。

请提交以上索赔费用的所有支持性文件及证据。

第二部分 D 节

旅游业及相关商业活动经济损失

填写旅游业及相关商业活动经济损失索赔表格

本节索赔表格仅适用于旅游业及相关商业活动经济损失的索赔。对于其他类型损失的索赔，请参考《索赔表格示范手册》的其他节。

为避免您的索赔请求被延迟处理，您须尽可能全面而准确地填写表格。如果在索赔表对应栏目内填写不下，请您另附页并清楚标明附页内容对应哪一栏目的问题。

您必须提供证明文件或其他证据来支持您的索赔请求。请提供所有缴税 / 征收款的支付信息，包括支付的金额以及付款收据。

赔偿范围

可获赔范围包括：

- 旅游业或主要收入来自于游客行业的收入损失；
- 定向营销等合理措施费用，旨在预防或减少大型溢油事故造成的不利后果带来的经济损失。

污染造成的经济损失可以获得赔偿。本节可获赔的索赔应在油污与损失或损害之间存在足够紧密的因果关系。如需进一步获取可获赔的相关索赔类别信息，请参见《索赔手册》及此类别的索赔指南（可在国际油污赔偿基金网站 www.iopcfunds.org 出版物一栏获取）及下述清单：

清单

要求提供与旅游业及相关商业活动经济损失索赔有关的信息：

- 商业活动名称 / 类型，如酒店、餐厅、商店（请注明何种类型的商店）、宾馆、游船经营者、其他行业（请注明）。
- 商业规模（如房间数量、面积等）。
- 索赔人的头衔或职位（如所有人、管理人等），请提供相应的证明。
- 在当前所有权情况下，商业活动的持续时间。
- 损失性质，包括声称损失由污染造成的具体证据。
- 受损期间以及之前 3 年的同期月度收入明细。
- 受损当年的年度账目， 如可能，事故发生前 3 年的年度账目。对在存续的营业年度作出的索赔，请提供过去 3 个完整的营业年度的年度账目，以及该存续年度到目前为止每月的管理账目。
- 损失发生当年的退税情况，如可能，事故发生前 3 年的退税情况。
- 如可能，受损期间和之前 3 年每月的“单位”销售数量明细。
- 商业规模变化的详细信息（如酒店房间数），以及事故发生当年与之前 3 年在营业时间或收费价格等方面的变化。

- 由于商业活动低迷时期而节省的运营费用或其他日常可变成本（如洗漱用品费用、电费、清洁费和维护费等）。
- 您索赔的商业活动因状况低迷所节省的人力成本。
- 损失的计算方式。
- 采取的任何防止或减少纯经济损失的具体措施，这些措施旨在消除污染对营业活动的负面影响，包括对措施的描述和费用情况。
- 请说明您是否因这起事故获得过额外收入。

如需其他信息请参阅《索赔手册》3.4 和 3.5 和《旅游业索赔指南》。

您的索赔要点

1）商业活动名称 / 类型，如酒店、餐厅、商店（请注明何种类型的商店）、旅馆、游船经营者、其他行业（请注明）。

____

2）商业规模（如房间数量、餐厅座位、零售店面积等）。

____

3）在当前的所有权情况下，索赔人已开展该商业活动的持续时间。

____

您的商业活动的营业时间

4）请注明您通常的营业时间，请勾选下述对应框，并完成相关信息。

☐ 全年营业　　从______/______到______/______20[　]

☐ 季节性营业（请注明开放时间）　　开放时间：从______到______

5）事故发生后，索赔人是否停业？是 ☐　否 ☐

如果选择“是”，请注明停业时间和停业原因。

____

商业规模的变化

6）如果在事故发生前的 3 年间，您的商业规模发生变化，请按下表填写您商业活动任何变化方面的详情和证据：

年度	事故前 3 年	事故前 2 年	事故前 1 年	事故当年
规模				
规模变化				

收入的详细信息

7）使用与下表类似的表格将有助于您记录您在索赔期间和事故前 3 年的销售情况和月度收入。下述表格和电子表格模板可以从国际油污赔偿基金网站下载。请另附纸质表格清楚注明相关信息，并显示这些内容关联哪个问题及哪段时间。请填写下述表格要求的信息。

	事故前 3 年		事故前 2 年		事故前 1 年		事故当年	
月度	销售单位 *	月度收入 **	销售单位 *	月度收入 **	销售单位 *	月度收入 **	销售单位 *	月度收入 **
1 月								
2 月								
3 月								
4 月								
5 月								
6 月								
7 月								
8 月								
9 月								
10 月								
11 月								
12 月								
总计								

该表格应完整提供事故发生年度及事故发生前 3 年每“单位”* 销售数据及月度收入数据。

备注：

*“单位”是指：

——对于酒店而言：出租的客房数量。

——对于营地而言：出租的帐篷数量。

——对于民宿而言：出租的周数。

——对于餐馆而言：销售的餐饮数量。

——对于景点而言：游客门票销售数量。

——对于商店而言：零售楼面面积。

——对于海滩出租业而言：可供出租的单位数量。

** 每月收入不包括销售税。

对于商店、酒吧等商业活动而言，还需提供销售收入及售卖物品清单。

损失的索赔要点

8）简要描述遭受的损失并说明损失是如何发生的。

9）索赔期间：

从 ………… 到 …………。

10）索赔金额及索赔期间损失的计算方式。

索赔期间的损失数额

预计的收入损失（不含税）（A）	
与收入有关的可变成本（B）（用百分比表示）	
因收入损失节省的可变成本（$C=A\times B$）	
索赔的损失金额（$A-C$）	

为计算您的损失

（A）预计的收入损失是索赔期间的收入（不含税）与未发生油污事故情况下同一时期可能获得的收入之间的差额。纳入计算的这些收入应基于实际收入，而不是对将来损失的估计。

（B）可变成本是与收入直接相关的开支，通常以收入的百分比形式体现。对于一家酒店 / 餐馆而言，可变成本可以是消耗物料、水、能源的费用以及清洁费、洗衣费、干洗费、迎宾的套件费用、清洁合同等。对于一家精装公寓而言，可变成本可能是水和能源费、订房佣金、公寓的管理和维护费用等。

节省的费用以及额外收入和费用的详细信息

11）节省的人工成本（如工资和雇用的非季节性雇员的费用）。

12）采取减少损失措施的详细信息和费用。

13）您由于事故直接影响而获得的营业收入的详细信息（如在特殊营业时间获得的收入）。该收入应为额外收入减去可变成本的纯营业收入。

索赔编号（仅供内部使用）

14）您在相应期间获得的其他所有替代收入的详细信息（如从包括清污行动在内的其他活动中获得的款项）。

15）由于事故支出的其他费用。

计算索赔总金额

下表可作为索赔总金额计算示例，您也可使用其他方法和图表，不管您使用哪种方法，请务必提供计算索赔总金额方法的有关说明。与下述类似的表格和电子表格模板可以从国际油污赔偿基金网站下载。请完整和详细填写电子表格中的各项信息，与您的索赔表格一同提交。

索赔期间的损失额（见第 33 页表格）		
第 11 项：节省的费用	–	
第 12 项：为减少损失支出的费用	+	
第 13 项：其他营业收入	–	
第 14 项：替代收入	–	
第 15 项：其他费用	+	
总计	=	

其他需填写的信息

本索赔中提及的损害已全部或部分投保了吗？ 是 ☐ 否 ☐

如果选择“是”，请提供以下详细信息（保险公司的名称、保险类型、索赔提交情况、赔付金额、投保金额、除外责任等）。

请提供您因本次事故提出的其他索赔申请的详细信息。

提供您已获得的赔偿或者其他形式的收入（如国家或者组织的应急基金、慈善捐款等）或您将会收到的与此事故相关的收入的详细信息（付款人姓名、已收金额等），如没有则填写无。

您是否就此索赔提交了附加页 / 文件？ 是 ☐ 否 ☐

如有请注明。

请提交以上索赔费用的所有支持性文件及证据。

第二部分 E 节

其他损失

填写其他损失的索赔表格

本节的索赔表格仅适用于其他损失，包括因环境损害造成的利润损失以及恢复环境的合理措施费用的索赔。对于其他类别损失的索赔，请参考《索赔表格示范手册》的其他节。

为避免您的索赔请求被延迟处理，您须尽可能全面而准确地填写表格。如果在索赔表对应栏目内填写不下，请您另附页并清楚标明附页内容对应哪一栏目的问题。

您必须提供证明文件或其他证据来支持您的索赔请求。如果您是作为个人索赔或是代表企业 / 公司索赔，请提供您或公司所有缴税 / 征税的支付信息，包括支付的金额以及付款收据。

赔偿范围

可获赔范围包括：

- 可以货币形式量化的经济损失，例如一个非营利性质的海洋公园在收入方面的减少损失。涉及可以货币形式量化的经济损失的索赔，请参见《索赔表格示范手册》第二部分 C 节和 D 节。
- 索赔恢复受污染的环境所采取的合理措施所产生的费用，前提是这些措施被认为在技术上、经济上和环境保护方面都是可行的。任何合理恢复性措施的宗旨都应该是重新建立一个生物群落，其中有溢油时该群落特有的生物，并且这些生物能正常活动。
- 合理的研究费用，研究目的为确定溢油造成的环境损害的性质和程度，并确定采取恢复措施是否必要和可行。（下见第 1 部分）。

如需进一步获取可获得赔偿的相关索赔类型信息，请参见《索赔手册》（可在国际油污赔偿基金网站（www.iopcfunds.org）出版物一栏获取）及下述清单。

清单

与恢复措施和溢油后期研究索赔有关的信息提供要求：

- 划定溢油污染区域，描述污染程度、分布状态、污染等级和受油污影响的资源状况（可通过地图或海图说明，并辅以照片、视频或其他记录媒介）
- 将油污污染与事故船舶联系起来的实验室分析结果和（或）其他证据（如油样的化学分析结果，相关的风、潮汐及水流的数据，浮油漂移的观测结果及标绘图）
- 对环境损害评估方面进行研究的详细资料、复印件和其他结果性的材料，以及所涉费用的具体明细。
- 详细描述已采取或将要采取的任何恢复措施以及费用明细。

如需进一步信息请参阅 1992 基金《索赔手册》3.6 和《环境损害索赔指南》。

您的索赔要点

第 1 部分：合理的研究费用，研究目的是确定溢油造成的环境损害的性质和程度，并确定采取恢复措施是否必要和可行。

在采取措施之前是否进行了溢油后研究？ 是 ☐ 否 ☐

1）研究的日期和范围（职权范围）。

______

2）描述所采取的恢复措施等。

______

3）开展的研究与恢复措施的关系。

______

4）研究费用明细：

a. 人员费用（数量和类别，小时数和费率）；

______

b. 使用的原材料类型（成本和持续时间）；

______

c. 使用的设备（成本和持续时间）。

______

5）其他成本 / 费用（包括实验室费用）。

______

计算索赔总金额

下表可作为如何计算索赔总金额的示例，您也可使用其他方法和图表，不管您使用哪种方法，请务必提供计算索赔总金额方法的有关说明。

项目		
项目 4（A）：人员费用	+	
项目 4（B）：所使用的原材料费用	+	
项目 4（C）：所使用的设备费用	+	
项目 5：其他费用或成本	+	
总计	=	

索赔编号（仅供内部使用）

第 2 部分：恢复受污染的环境采取的合理措施所产生的费用

1）描述受溢油影响的区域范围、污染的程度和受溢油影响的资源。（请另行提供相应的地图 / 海图 / 照片或其他证据）

2）实验室对油污的分析结果和 / 或其他将溢油污染与事故船舶联系起来的证据。

3）描述采取的恢复措施。

4）采取措施的日期。

5）采取恢复措施的人员：

a. 雇用人员数量和人员职责；

b. 工作小时数和费率（详述计算方法、其他人员费用等）；

c. 涉及采取恢复措施的差旅住宿费用；

d. 参与采取恢复措施的人员餐饮、个人防护装备、通信等费用概况。

6）采取恢复措施所使用的设备。以下范表中给出了必须提供的信息，请参阅。类似的表格和电子表格模板可从国际油污赔偿基金网站下载。请完整和详细填写电子表格中的各项信息，并与您的索赔表格一同提交。

A 索赔人自有设备所要填写的表格（设备类型、购买费用及残值、运输费用、日费率及使用期间）

自有设备	购买日期	购买费用	使用后残值	运输费用		日费率		使用期间（天数）						费用合计
				运送	送回			星期一	星期二	星期三	星期四	星期五	其他	
						使用								
						待命								
						使用								
						待命								
6A– 总计														

B 从第三方租赁的设备所要填写的表格（设备类型、运输费用、使用费用及使用期间）

租赁／租用设备	租赁日期	运输费用（如适用）		日费率		使用期间（天数）						费用合计
		运送	送回			星期一	星期二	星期三	星期四	星期五	其他	
				使用								
				待命								
				使用								
				待命								
6B– 总计												

C 索赔人购买的设备所要填写的表格（设备类型、购买费用和使用期间、运输费用）

所购买的设备	购买日期	购买费用	单价	使用后残值	运输费用（运送）	设备的储存和使用		使用期间（天数）						费用合计
								星期一	星期二	星期三	星期四	星期五	其他	
						在库待命								
						发货供使用								
						在库待命								
						发货供使用								
6C– 总计														

7）回收的油和被油污污染的产品的储存或处置费用（说明废弃物的数量和处理方法）。

8）其他费用或支出的总额。

计算索赔总金额

下表可作为您如何计算索赔总金额的示例，您也可使用其他方法和图表，不管您使用哪种方法，请务必提供计算索赔总金额方法的有关说明。

项目		
项目 5：采取恢复措施的人员费用（$5a+5b+5c$）	+	
项目 6（A）：自有设备的成本费	+	
项目 6（B）：设备的租赁费用	+	
项目 6（C）：设备的购置费用	+	
项目 7：回收的溢油及含油废弃物的储存或处置费用	+	
项目 8：其他成本或费用	+	
总计	=	

其他需填写的信息

请提供您因本次事故提出的其他索赔申请的详细信息。

请提供您获得的赔偿或其他形式收入（如国家或者组织的应急基金、慈善捐款等）或您将会收到的与此事故相关的收入的详细信息（付款人姓名、已收金额等），如没有则填写无。

请提交以上索赔费用的所有支持性文件及证据。

第三部分

索赔声明书

声明

尽我所知及所信，我的索赔真实、准确地反映了我的实际损失，其中包含了申请赔偿期间，我从清污行动、援助组织或政府基金所获全部财、物赔偿的相关信息。我深知，船舶保险人和 1992 基金将严肃对待提交欺诈证明文件行为，如其获悉此类文件被提交并用于支持我的索赔申请，而且情况属实，其将保留通知相关国家主管机关的权利。

索赔人全名（印刷体）：

____

____

索赔人签字：

____

索赔编号（如已知）：

____

备注：

- 对于合伙企业（普通合伙公司和有限合伙公司）而言，所有一般合伙人都必须签署本声明。
- 对于有限责任公司而言，声明必须由所有成员 / 经理签署（除非该公司只由一名成员 / 经理管理）。
- 对于具有董事会的公司而言，声明必须由董事长签署。
- 对于具有董事和监事会的公司而言，声明必须由监事会主席签署。
- 对于协会、合作社或其他私法或公法社团而言，声明必须由主席或获得正式授权的公司法人代表签署。

签署声明即表示索赔人已同意向参与赔偿事项的相关各方（包括船舶保险人、1992 基金及其专家，以及相关法院）披露索赔表中所载的信息以及所有证据材料。

备注

备注